WJS CORSO

WJS

Werner Ross

Lou Andreas-Salomé

Weggefährtin von Nietzsche, Rilke, Freud

CORSO bei *S*iedler

FÜR LOU

Inhalt

Fräulein Louise

Mit siebzehn fing sie an, ihr Leben in die eigene Hand zu nehmen, mit *sweet seventeen.* Sie sah vielleicht süß aus, aber sie *war* nicht süß, kein Adjektiv hätte schlechter zu ihr gepaßt. In dem ersten Schriftstück, in dem sich der Wille des jungen Mädchens Louise von Salomé, kurz Ljola genannt, entfaltet, kommt zweimal das Wort *bitter* vor: »Aber es ist so bitter, alles in sich selbst zu verschließen, bitter, so ganz allein zu stehen, weil man jene leichte, gefällige Art entbehrt, welche sich das Vertrauen und die Liebe der Menschen erwirbt und erbittet.«

Man stellt sich ein Mädchen, das so schreibt, schüchtern vor, verschlossen, auf sich selbst gestellt, und man wundert sich, einen solchen Satz aus der Feder eines jungen Menschen zu lesen, der später im Handumdrehen alle Welt für sich einnahm und aus gesammelten Berühmtheiten ganze Sträuße wand.

Nun steht der Satz mit den Bitterkeiten freilich nicht in einem Tagebuch, sondern in einem Brief, den man ohne Bedenken als Eroberungsunternehmen bezeichnen darf, als Auswerfen der Angel, an der ein schöner Karpfen anbeißen sollte. Einsamkeit wurde vorgespiegelt, Mitleid sollte sich in der Brust des Empfängers regen, und am Ende würde sich einstellen, was sich die Siebzehnjährige wünschte: die Bekanntschaft mit dem Adressaten.

Um wen handelte es sich? Er war Prediger bei der holländischen Botschaft in St. Petersburg und hieß Hendrik Gillot. Er war reformierten Glaubens, aber allen Lehren neuerer Zeiten weit geöffnet, *modern*, ein dem Publikum wohlgefälliger Rebell, ganz anders als der brave, strenge Pastor Dalton, der Ljola demnächst konfirmieren sollte. Angesichts von dessen Buchstabenglauben kam es zum Eklat: Das Mädchen erklärte, sie könne nur *gegen* ihre innerste Überzeugung konfirmiert werden, und der Pastor, in einer unbequemen Zwangslage befangen, tat, was in solchen das Ratsamste scheint: Er verschob den Termin aufs nächste Jahr.

In ihrem Bekenntnisbrief schrieb Ljola, durchaus klug: »... gleich abgestoßen von der finstern Orthodoxie wie vom nüchternen Rationalismus unserer Tage, begann ich nach der Wahrheit zu tasten.« Das hätte sie noch kurz vor ihrem Tod wiederholen können. Sie wollte nicht Aufklärung, sondern, im Einklang mit dem Fortschritt der Zeit, Erhebung, Wahrheit als neue Offenbarung. Hendrik Gillot traf diesen

Ton, aber ach, so schrieb sie ihm, ihre ganze Familie bekenne sich zu Pastor Dalton; sie könne deshalb nicht zu seinen Predigten eilen. Daher ihre Bitte, »sich schriftlich an Sie richten zu dürfen, wenn nicht zu beschwichtigende Zweifel und Fragen sich vordrängen«. Das war listig angefragt, denn der gesunde Menschenverstand (von dem sie zu allen Zeiten eine Menge besaß) mußte ihr sagen, daß Gillot gerade zu einer Korrespondenz nie die Zeit finden würde. Also blieb nur der notgedrungen heimliche Besuch.

Der kam bald zustande, und es folgte, was man »Stunden« nennen kann, wobei das Mädchen manchmal und angeblich unbefangen auf dem Schoß des Lehrers Platz nahm. Geschichte und Literatur liefern zahlreiche Beispiele dafür, wie solche Lehrer-Schülerin-Verhältnisse zu verlaufen pflegen. »Der Rede Zauberfluß« tut seine Wirkung ebenso wie jener belebende Effekt, der von jüngeren Mädchen auf gesetzte Männer ausgeht. In unserem Fall wurde ernsthaft gearbeitet, viele Hefte wurden mit Notizen zur Philosophiegeschichte und zur literarischen Bildung gefüllt. Ljola verordnete diese Ernsthaftigkeit. Ihr Wissensdurst war unbegrenzt, denn sie wollte eben nicht den schönen Gillot, sondern die Wahrheit, nach der sie tastete, aus Gillots Mund. Sie lernte mit Feuereifer und versuchte sich schließlich auch in Gillots Kunst: Sie schrieb die eine oder andere Predigt für ihn, stolz, aus seinem Munde ihre eigenen Sätze zu hören. Einer dieser Predigten lag ein durchaus nicht biblischer Spruch zugrunde: »Name ist Schall und Rauch«, die berühmte pantheistische Predigt, die Faust seinem Gretchen hält auf deren Frage »Wie hältst du's mit der Religion?«

Daß dieses Faust-Bekenntnis zu einem vage umschriebenen höheren Wesen so umfassend, so poetisch und gleichzeitig so unbestimmt war, lag auf Ljolas Linie. Solche Religion erwärmte, aber griff nicht in den Lebenswandel ein, sie wusch, machte aber den Pelz nicht naß. »Gefühl ist alles«, stand da als einziges Dogma, und Ljola war fest entschlossen, sich nur diesem einzigen Dogma zu öffnen und zu beugen. Sie fand es selbstverständlich, daß mit »Gefühl« *ihr* Gefühl gemeint war.

So kam es denn zum baldigen tragikomischen Ende dieser ersten Affäre. Hendrik, völlig vernarrt in sie und irregeführt von Ljolas Lern-Enthusiasmus, machte ihr, obwohl verheiratet und mit Kindern versehen, einen Heiratsantrag, damals die einzige Möglichkeit, einem Mädchen von Stande die eigene Verliebtheit zu offenbaren. Ljola fiel keineswegs aus allen Wolken, obwohl sie in ihrem ›Lebensrückblick‹ ihre »anhaltende Kindhaftigkeit« ins Feld führt, »herkommend von nordländisch-später Körperentwicklung«. In dem geschwollenen Stil, in dem die Siebzigjährige zwischen 1931 und 1932 ihr

Erinnerungsbuch verfaßte, liest sich, was geschah, so: »Mit einem Schlage fiel das von mir Angebetete mir aus Herz und Sinnen ins Fremde. Etwas, das *eigene* Forderungen stellte, etwas, das nicht mehr nur den meinigen Erfüllung brachte, sondern diese im Gegenteil bedrohte, ja die mir gerade durch ihn gewährleistete geradegerichtete Bemühung zu mir selbst umbiegen wollte und sie der Wesenheit des Anderen dienstbar machen – hob blitzähnlich den Andern selber für mich auf.« Später nannte man das, was sie wollte, mit einem Wort: Selbstverwirklichung.

Die Entschlossenheit der Louise Salomé, ihren Kopf durchzusetzen, war nicht so ungewöhnlich, wie es im Jahr 1878 scheinen mochte. Was wir als die Bewegung von '68 erinnern, hatte sich mindestens ebenso turbulent hundert Jahre früher in Rußland abgespielt. Der Zar-Befreier, Alexander II., war auf den »gekrönten Gendarmen« Nikolaus I., den Zar-Unterdrükker, gefolgt, und 1861, in Ljolas Geburtsjahr, hatte er die Aufhebung der Leibeigenschaft verfügt. Daran schloß sich eine gewaltige Emanzipationswelle, getragen vor allem von den Studenten.

Unter Nikolaus hatte es in ganz Rußland nur dreitausend Studenten gegeben, junge Adlige, in Uniformen gesteckt. Nun, unter Alexander, kamen sie aus allen Regionen, aus allen Ständen, und bald, gänzlich unerwartet, waren auch Studentinnen dabei. Drei Jahre vor Ljolas Geburtsjahr, 1858, zog die erste von ihnen mit ihren Freundinnen in einen Petersburger Lehrsaal ein. Es bürgerten sich »fiktive« Ehen ein, von jungen Mädchen eingegangen, die sich auf diese Weise der Familientyrannei entzogen. In Tschernyschewskis berühmtem Roman ›Was tun?‹, der 1863 erschien, lebt die junge Wera in keuscher Ehe zusammen mit dem Medizinstudenten Lopuchow, der, edel einen Selbstmord vortäuschend, beiseite tritt, als Wera sich in den Arzt Kirsanow verliebt. Wera gründet genossenschaftlich organisierte Schneiderwerkstätten und wird, um ihre Emanzipation vollständig zu machen, Ärztin.

Der Roman führte mit Recht den Titel ›Was tun?‹, den später Lenin in einer berühmten Kampfschrift aufgegriffen hat. Er wollte mobilisieren, und er mobilisierte. Es begann jener »Aufstand der Töchter«, den Walter Schmieding 1979 in einem Buch mit diesem Titel farbig beschrieben hat. Viele junge adlige Damen hielten es zu Hause nicht mehr aus: Sie studierten, um als Ärztinnen, Lehrerinnen, Hebammen ins Volk zu gehen, als *narodniki* (»Volkler«) – »Frauen, die sich, politisch lebenslang mit Verhaftung, Verbannung, Tod bedroht, *ganz* dem hingaben, was einfach ihrer aller stärkstem Liebestrieb entsprach«, so hat die alte Lou in

Der Vater, der General, hat in seinem Leben hart sein müssen, grausam vielleicht. Das vergißt er bei seiner Tochter, die unter Brüdern aufwächst und ein Vaterkind ist und die vielleicht von ihm lernt, wie man kommandiert.

ihrem ›Lebensrückblick‹ das Phänomen beschrieben.

Als Mädchen sah sie diese Bewegung aus großer Ferne. 1861 auf die Welt gekommen in jenem St. Petersburg, das eben erst wieder seinen alten Namen angenommen hatte, wuchs sie auf als die Tochter eines russischen Generals, dessen Name auf französische Herkunft deutet, der aber von deutsch-baltischen Eltern geboren war und eine Hamburgerin mit dänischen Vorfahren geheiratet hatte. Viele Deutsche lebten damals in der Zarenhauptstadt, die meisten geholt von dem despotischen Nikolaus I., weil sie, Ausländer und ohne Kenntnis der russischen Verwicklungen und Feindschaften, zuverlässigere Zarendiener waren als der Adel des Landes. Der Offizier Salomon, bald in den russischen Beamtenadel aufgenommen, empfahl sich, weil er 1831 den Aufstand der Polen mit der nötigen Härte niedergeschlagen hatte.

Man sprach deutsch in dem Haus gegenüber dem Winterpalais, trotz der englischen Privatschule, der französischen Gouvernante, der russischen Dienerschaft. Als Neu-Russe war man loyal, sah und hörte nichts, mochte auch der alte Adel seine Aufsässigkeit inzwischen auf Söhne und Töchter übertragen haben. Turgenjew, der 1864 selbst ins Ausland ging, hatte den Söhnen (die Töchter ließ er in seinem Roman ›Väter und Söhne‹ beiseite) den düsteren Beinamen »Nihilisten« angehängt, und nun, da sich überall Geheimzirkel bildeten, da Petersburg von geheimnisvollen Bränden heimgesucht wurde, da einer dieser neuen Revolutionäre sogar ein Attentat auf den Zaren wagte, wußte man nicht: Waren das extreme Egozentriker, wahnsinnige Narren oder aufopferungsbereite neue Heilige, »Nihilisten« oder »Sozialisten«? Auch war keine Klarheit zu gewinnen, wie sie es mit der Liebe hielten: Asketische Schwüre wurden geleistet, ganze Kommunen lebten wie Mönche, aber gleichzeitig munkelte man von wilder Ehe und freier Liebe, von Laster, Orgien, Promiskuität.

Das Mädchen Ljola konnte nicht umhin, davon zu erfahren. Aber sie nahm die Dinge wahr wie eine Ausländerin, trotz des russischen Passes. In einer Schublade verwahrte sie zwar ein Bild der Vera Sassulitsch, die eben im Gillot-Jahr 1878 den General Treptow niedergeschossen hatte und in einem aufsehenerregenden Prozeß freigesprochen worden war, aber Vera Sassulitsch war die Heldin schlechthin, die kühne Frau, die sich von dem Tyrannenknecht hatte empfangen lassen und dann den Revolver zog.

Die Sache mit Gillot trug dazu bei, sie zu »entrussen« (sie selbst hat dieses Wort gebraucht). Gillot war der Westen, und was sie in seinen Stunden lernte, waren Racine und Corneille, Schiller und Hegel. Sie verkaufte ein Schmuckstück, um sich Spinoza anzuschaffen, gerade der richtige Autor für ihren Atheismus, der gern ein Hintertürchen fürs Göttliche offenließ. In den oberen Klassen ihrer Schule, wo Russisch für alle Fächer obligatorisch wurde, brauchte sie nur einmal über ihre mangelnde Beherrschung des Russischen zu jammern, und der ihr wohlgesonnene Papa ließ sie nur noch hospitieren. »Schulzwang braucht die nicht!«, meinte er. Nichts steht in ihrem Lebensbericht über ihr Verhältnis zur russischen Literatur. Hat sie je Puschkin, Lermontow, Gogol gelesen? Erst in Deutschland, Italien, in der Schweiz ließ sie sich gern »die Russin« nennen; das klang exotisch, nach nur halber zivilisatorischer Zähmung, und verlieh ihr jenen Bonus, der heute noch bei Italienern der *fascino slavo*, »der slawische Zauber«, heißt. Und erst weit später, in der Zeit ihrer Freundschaft mit Rilke, inmitten einer ringsum aufkeimenden Sympathie für das Alt-Russische, lernte sie den Wert ihres Vaterlandes schätzen.

Ins Ausland folgte sie den Töchtern der Revolution. Auch sie wollte nach Zürich, dem einzigen Ort in Europa, wo Frauen studieren durften, und wie immer setzte sie ihren Willen durch. Nur in einem Punkt, einem wesentlichen freilich, unterschied sich ihre Zürcher Existenz von der der zahlreichen jungen Russen und Russinnen, die hier studierten und konspirierten: Da der geliebte Papa gestorben war, konnte die

Frau Mama, die *Generalska*, mit ihr reisen und sie vor den Gefahren des Asketismus und der freien Liebe bewahren. An den Fackelzügen, mit denen diese russischen Studenten und Studentinnen in Ljolas erstem Studienjahr, 1881, die Ermordung des guten Zaren Alexander feierten, hätte sie ohnehin nicht teilgenommen.

Als sie, nunmehr neunzehn, in Zürich studierte, hörte sie vor allem den Professor Biedermann, einen berühmten protestantischen Theologen, der am Ende seiner Laufbahn stand. Da waren Zwischenfälle wie der mit Gillot nicht mehr zu befürchten. Auch mit ihm bahnte sie dennoch eine freundschaftliche Beziehung an, und Biedermann widmete ihr seine ›Christliche Dogmatik‹ mit dem Spruch: »Der Geist erforschet alle Dinge, auch die Tiefen der Gottheit.« Wichtiger war, was er Ljolas Mutter über ihre Tochter schrieb: »Ihr Fräulein Tochter ist ein Wesen ganz ungewöhnlicher Art: von kindlicher Reinheit und Lauterkeit des Sinns und zugleich wieder von unkindlicher, ja unweiblicher Richtung des Geistes und Selbständigkeit des Willens und in beidem ein *Demant.*« Der Professor verwahrte sich umständlich gegen den Verdacht, er habe nur ein Kompliment machen wollen. Die Mutter werde vielmehr, so merkte er an, das natürliche Glück einer liebenden und in guter Ehe lebenden Tochter entbehren müssen, und wie einen Lehrsatz seiner

Dogmatik wiederholte er am Ende seines Briefes: »Allein, ich nenne Fräulein Louise ihrem innersten Wesen nach einen Demant.« Sie funkelte wie ein Diamant, und sie war in der Tat so hart wie ein Diamant.

Von welchen Sternen?

Hendrik Gillot ist vergessen; nach dem Professor Biedermann, dem damals angesehenen Fachmann, kräht kein Hahn mehr. Aber im April 1882 – sie war nun einundzwanzig und nach ernster Krankheit auf einer Erholungsreise in Italien – lernte sie den ersten jener drei berühmten Männer kennen, die ihre Lebensbahn ins Außerordentliche heben: Friedrich Nietzsche.

Sie traten einander entgegen an keinem geringeren Ort als dem Petersdom in Rom, und Nietzsche – so hat Lou berichtet – verneigte sich, wie es die Sitte befahl, vor der jungen Dame und sprach den ungewöhnlichen Satz: »Von welchen Sternen sind wir hier einander zugefallen?« Ein Satz, der große Schicksale ins Auge faßte, außergewöhnliche Menschen wie ihn, die Sternenbahnen zogen.

In solchen kühnen Kategorien hatte er neuerdings gelernt zu denken. In Genua hatte er gewohnt und prompt Columbus beschworen, den kühnen Seefahrer, der ins gänzlich Unbekannte aufgebrochen war, mit nichts als der vagen Hoffnung, da weit draußen müsse etwas sein. Auch Nietzsche selbst war in See gestochen, plötzlich gepackt, in den fernen Süden, nach Sizilien, aber in Messina hatte man ihn vom Schiff tragen müssen, seekrank und von allen seinen Leiden geplagt. Die griechische Erleuchtung, das goethische Wunder, aus dem das Nausikaafragment geboren war, trat nicht ein; vieles gefiel ihm, aber nach drei Wochen verließ er Sizilien und traf nach neuerlicher beschwerlicher Schiffsreise um den 24. April bei seiner alten Freundin Malwida von Meysenbug in Rom ein. So überstürzt die Abreise, so überstürzt nun der Plan des Aufenthalts in Rom.

Es gab einen guten Grund dafür: Lou. In einem nicht erhaltenen Brief hatte Freund Rée Nietzsche das Mädchen unter dem Stichwort »junge Russin« angepriesen, und Nietzsche, gerade noch in Genua, schrieb zurück: »Grüßen Sie diese Russin von mir, wenn dies irgendeinen Sinn hat: Ich bin nach dieser Gattung von Seelen lüstern. Ja, ich gehe nächstens auf Raub danach aus – in Anbetracht dessen, was ich in den nächsten 10 Jahren tun will, brauche ich sie.«

Was hatte er vor? Gewiß nicht die biederen Heiratspläne, mit denen ihn wohlmeinende Freunde bedachten und bedrängten. Gerade war sein Meisterwerk fertig geworden, der Sanktus Januarius, Teil 4 der ›Fröhlichen Wis-

Das junge Mädchen Lou ist zu klug, um wirklich schön zu sein. Die hohe Stirn herrscht. Der Mund trotzt. Alles übrige im Stil der Zeit: gesittet. Der »Demant« kann nur geahnt werden.

senschaft‹, und er gestand Peter Gast: »Ein Gedanke ist darunter, der in der Tat ›Jahrtausende‹ braucht, um etwas zu *werden*. Woher nehme ich den Mut, ihn auszusprechen!« Das war der Gedanke – oder die Vision – von der ewigen Wiederkehr, und es lag auf der Hand, daß er dabei nicht nur an eine Zukunft dachte, die irgendwann und irgendwie die Gegenwart erneuern würde, sondern vor allem an eine ferne, griechische Vergangenheit, in der er schon einmal gelebt und gelehrt hatte und aus der er nun wiedererscheinen würde in großer Herrlichkeit, als der weise Heraklit, als der große Zarathustra oder sogar als Dionysos selbst, der wilde, fruchtbare Gott. Dionysos aber hatte Frauen im Gefolge, rasende Weiber, wild wie er, grausam, raubtierartig, und nur das göttliche Raubtier Dionysos konnte sie binden und unterjochen. All das mag mitgesprochen haben, wenn er nun nach der »Russin« lüstern war, sie rauben wollte.

Er war »des trockenen Tones satt«, hatte lang genug Professor gespielt. Das Orgiastische, das er immer neugierig und vorsichtig umspielt hatte, gewann Gewalt über ihn, den Mann in den besten Jahren. Er, der einmal der Herold der hohen Zwecke des Wagnerschen Musikdramas gewesen war, berichtete an Gast, die Erste Wiener Operettengesellschaft habe in Genua gastiert. »Für weibliche Ausgelassenheit und Grazie scheinen mir die Wienerinnen wirklich erfinderisch zu sein...« Aus der gleichen Zeit stammen die Pläne, eine Reise zur Oase Biskra zu unternehmen, die wegen der freigiebig mit ihren Körpern umgehenden Töchter des Stammes Ueled-Nail berühmt-berüchtigt war.

In dem halb bürgerlichen, halb bohemehaften Leben, das ihm vorschwebte, konnte er die »Russin« freilich noch nicht sofort als eine neue Ariadne einsetzen, die von dem Gott überwältigt würde. Daß sie Philosophin war, wie er Philosoph, war eine willkommene Dreingabe, denn an wirklichen Partnern fehlte es ihm, so sehr er auch die Freunde schätzte. Malwida, die gern über ihre Freunde nachdachte, schrieb ihm über Lou: »Ein sehr merkwürdiges Mädchen, ...scheint mir ungefähr im philosophischen Denken zu denselben Resultaten gekommen zu sein, wie bis jetzt Sie, d.h. zum praktischen Idealismus, mit Beiseitelassung jeder metaphysischen Voraussetzung und Sorge um die Erklärung metaphysischer Probleme.« Rée und sie, so schrieb sie weiter, stimmten in dem Wunsch überein, ihn »mit diesem außerordentlichen Wesen« zusammen zu sehen, nur Rom dürfte dafür angesichts von Nietzsches Gesundheitsproblemen kaum der richtige Platz sein.

Aber nun war er in Rom, gelandet wie ein Gestrandeter, alsbald wieder krank, aber doch mit dem Hochgefühl des großen Herausforderers der Epoche. So trat er Lou im Petersdom entgegen, als ob das Schicksal zu Fanfarenklängen den Vorhang wegzöge vor dieser ersten Begegnung. Er konnte nicht ahnen, daß schon viel entschieden war – gegen ihn.

Paul Rée, seit dem 13. März in Rom, mehr als einen Monat vor ihm, hatte sich Lous bemächtigt, oder vielmehr: Lou hatte Gefallen an ihm gefunden und ihm ihre Freundschaft angeboten. Sie hatten sich bei Malwida kennengelernt, als Rée eines Abends atemlos eintraf, völlig blank, weil er alles Geld in Monte Carlo verspielt hatte, und Malwida in ihr Schatzkästchen greifen mußte, um ihm aus der Verlegenheit zu helfen. Rée war Gutsbesitzerssohn aus Westpreußen; daß er Jude war, wurde damit halbwegs ausgeglichen. Zwar kein Professor, doch ein waschechter Philosoph, war er skeptisch bis ins Mark und für Lou der rechte Partner.

Als Person war er liebenswürdig und eher schwächlich. Er konnte Nietzsches Schwester beruhigend über den Bruder schreiben, ein Reisetag erschöpfe ihn, Rée, mehr als den Bruder ein dreitägiger Anfall, und Malwida notierte über Rée in Rom: »Rée fühlt sich sehr alt und ist auch äußerlich sehr gealtert.« Aber Lou war er eben in diesem Aggregatzustand mehr als recht, ein unermüdlicher Gesprächspartner, der sich nach einem gescheiterten Heiratsantrag damit abgefunden hatte, daß mehr als Freundschaft bei diesem Mädchen nicht zu holen sei. Sie habe nach der Erfahrung mit Gillot mit ihrem Liebesleben abgeschlossen, erklärte diese vitale Einundzwanzigjährige und meinte es sogar ernst.

Sie war keineswegs der Ansicht, daß ein Mädchen ihres Alters noch behütet werden müsse. So entstand jener ausgefuchst kühne Plan, den sie in den nächsten Jahren in immer neuen Variationen durchspielen sollte: freies Studieren an einer Universität, Paris und Wien fielen ihr ein, mit Rée als älterem Freund und Berater und einem dritten, zum Beispiel Professor Nietzsche, der das Zusammenleben jeder Zweideutigkeit entheben würde. Sie konnte derlei haarsträubende Ideen mit der größten Unbekümmertheit vortragen, die blauen Augen ruhig aufgeschlagen, eher ein Kind als eine hartgesottene Emanzipierte. Angeblich hatte sie in einem Traum »eine angenehme Arbeitsstube voller Bücher und Blumen, flankiert von zwei Schlafstuben«, erblickt, und »zwischen uns hergehend, Arbeitskameraden, zu heiterem und ernstem Kreis geschlossen«. Tatsächlich stand ihr eher die Wirklichkeit als ein schöner Traum vor Augen – nämlich jene Formen des Zusammenlebens, welche die Narodniki ausprobiert hatten, die Söhne und Töchter der Revolution.

Für Malwidas Tugendstreben war ihr Plan ein nahezu tödlicher Schlag. Immer wieder hatte sie, auch Nietzsche und Rée, gepredigt, daß gerade die neue Generation der Glaubenslosen sich besonderer Korrektheit befleißigen müsse, sonst sähe die Umwelt darin nur einen Vorwand für Libertinage. Aber Lou setzte sich über alle Anstandsregeln mir nichts, dir nichts, hinweg und wandte sich nun auch noch an ihren alten Mentor Gillot, um sich ihre Freiheitlichkeit besiegeln zu lassen. Gillot – war er älter und weiser geworden oder mochte er Lous Freiheitsdrang nur, wenn er ihm selbst zugute kam? – kanzelte das Mädchen ab. Sie hat uns ihre Antwort aufbewahrt, und ihr Ton zeigt sie, wie sie war, kein Blatt vor den Mund nehmend und mit schneidender Eindringlichkeit ihre Sache, ihr Ich, gegen alle Ansprüche undeutlicher »Wir« verteidigend. »Was in Dreiteufelsnamen«, schreibt sie, »hab ich denn verkehrt gemacht?« Sie habe gedacht, er sei nun des Lobes voll über seine tüchtige Schülerin, denn sie habe doch genau nach seinen Prinzipien gehandelt und geplant. Aber nun stoße er auch in Malwidas Horn, die sie zwar »riesig lieb« habe, die aber selbst dann etwas anderes meine, wenn sie scheinbar übereinstimmten. »Sie pflegt sich so auszudrücken, dies oder jenes dürfen ›wir‹ nicht tun, oder müssen ›wir‹ leisten, und dabei hab ich doch keine Ahnung, wer dies ›wir‹ eigentlich wohl ist – irgendeine ideale oder philosophische Partei wahrscheinlich –, aber ich selber weiß doch nur was von ›ich‹.« Das hätte keine Ibsen-Figur zugespitzter sagen können.

Ihr Ton, noch immer zwischen backfischhaft und burschikos, verhüllte nicht den Ernst, mit dem sie »das Herrlichste und Schwersterrungene auf Erden«, die Freiheit, verteidigte. Die Männer waren unerläßlich als geistiger Umgang, aber die Ehe war eine Unterjochungsanstalt. Man mußte also einen Weg finden, um in Freiheit mit ihnen zu verkehren, ungezwungen und ohne besondere Vorkehrungen.

Sie könne ältere und überlegene Männer wie Rée und Nietzsche nicht beurteilen? Die Antwort ist entwaffnend. »Das Wesentliche weiß man sofort oder gar nicht.« In Klammern steht dabei: »Das Wesentliche ist *menschlich* für mich *nur* Rée.« Der Brief, muß man hinzufügen, war vor Nietzsches Ankunft geschrieben.

Kaum war Nietzsche da, so war das erste, was ihm einfiel, ein Heiratsantrag. Rée hatte er noch geschrieben, er könne sich höchstens zu einer zweijährigen Ehe verstehen, was damals noch viel absurder klang als heute, aber nun überzeugte er sich im Flug, daß Lou die richtige für ihn sei. Lous Studienplan deckte sich mit seinen eigenen Wünschen, und aus dem Zweibund Lous und Rées wurde, nachdem auch dieser Heiratsantrag überstanden war, die »Dreieinigkeit«.

Malwida schüttelte den Kopf. Sie kannte die

Menschen im allgemeinen und die Männer im besonderen. Sie war überzeugt, daß Lous Wandeln zwischen Blumen, Büchern und gezähmten Männern eine schöne Illusion war, und sehr schnell bekam sie recht. Nietzsche setzte auf Geisteszauber; damit mußte es ihm gelingen, den viel schwächeren Rée auszustechen. Seine Waffe war der Spaziergang; so schlecht er auch sah, so rüstig war er im Ausschreiten auf gebahnten Wegen. Der Berg, den er zusammen mit Lou bestieg, während Lous Mutter und Rée sich unten die Zeit vertrieben, war der Monte Sacro am alpennahen Ortasee, der »Heilige Berg«, und sicher konnte Nietzsche nicht umhin, daran zu denken, daß auch ihre erste Begegnung auf einem höchst heiligen Terrain, eben in der Peterskirche, stattgefunden hatte.

Lou, die »das Wesentliche entweder sofort oder gar nicht« wußte, hatte wohl bald das andere Kaliber gewittert. Jedenfalls war ihre Unterhaltung sicher so lebhaft wie die mit Rée im römischen Mondenschein, und Nietzsche vertraute ihr bei einer späteren Wanderung leise an: »Monte Sacro – den entzückendsten Traum meines Lebens danke ich Ihnen.« So hat Lou Rée berichtet (ihn eifersüchtig zu machen versäumte sie nie, wenn sich die Gelegenheit bot), und den letzten Freund Pfeiffer ließ sie »mit einem feinen, fast verlegenen Lächeln« wissen: »Ob ich Nietzsche auf dem Monte Sacro geküßt

Lou schwingt das Peitschchen nur unlustig. Rée steht lammsgeduldig an der Deichsel, bereit, sich anschirren zu lassen. Nietzsche schaut in eine Zukunft, die er sich nicht mehr ohne Lou als Jüngerin und Herrscherin vorstellen kann.

habe – ich weiß es nicht mehr.« Einem alten Scherz zufolge heißt »vielleicht« oder »ich weiß nicht« bei einer Dame: Ja.

Nietzsche, der bisher mit Mädchen und Frauen nur Pech gehabt hatte, war der Monte-Sacro-Kuß durchaus zu gönnen. Und wenn er tatsächlich inmitten des prangenden Frühlings – es war der 5. Mai, Napoleons Geburtstag – stattgefunden haben sollte, mag er das manisch anschwellende Selbstgefühl des »Raubtiers« in ihm gestärkt haben. Mochte Rée weiter die Rolle des guten Freundes spielen; ihm stand Höheres bevor: mit Lou das volle rauschende Leben in Paris!

Vorläufig wurden Ferienpläne für den Sommer gemacht. Es zeigte sich, daß Lou sich von Rée gern verplanen ließ. Er lud sie ein nach Gut Stibbe, wo Rées Mutter die Anstandsdame abgab, und nach Bayreuth, wo er über einen Patronatsschein verfügte. Nietzsche hingegen konnte als Anstandsdame nur seine Schwester und als Urlaubsort nur Tautenburg im Thüringischen anbieten; ein Versuch, Lou in Luzern noch einmal wie auf dem Monte Sacro zu bezaubern, war gescheitert und hatte nichts erbracht als jenes berühmte Photo, das Lou auf einem Wägelchen zeigt, vor ihr die beiden Männer an der Wagendeichsel, sie selbst ein Peitschlein schwingend, an dem besänftigend eine Fliederdolde befestigt ist. Nietzsche war der Scherz eingefallen, so Lou, und sicher mißfiel er ihr, der Wagenlenkerin, nicht. Niemals hat eine Frau die Emanzipation mit dem festeren Vorsatz betrieben, die Waffen der Frau nicht aus der Hand zu geben.

Die beiden Teufel von Tautenburg

Kein Romancier hätte die verzwickte Situation des Jahres 1882 geschickter austarieren können. Da war auf der einen Seite als Bewerber um Lou Paul Rée der glücklichere von beiden, denn Lou war fast immer mit ihm zusammen, suchte seine Nähe, schrieb ihm, wenn sie getrennt waren, täglich. Aber sie selbst hatte gerade diese Freundschaft auf das Bruder-Schwester-Muster festgelegt und sorgte trotz – oder wegen – der Verliebtheit Rées dafür, daß es eisern dabei blieb.

Nietzsche hingegen konnte von Glück sagen, wenn es ihm überhaupt gelang, ein Treffen zu arrangieren. Am Ende blieb es bei drei Wochen in dem thüringischen Tautenburg, die er ihr abgerungen hatte, und bei den paar Tagen, die sie dann noch einmal in Leipzig zusammen waren, mit Rée als ständigem Begleiter.

Die Tragikomik der Situation ergab sich daraus, daß Rée einfach nicht glauben konnte oder wollte, daß er der Erwählte sei. Er hielt nichts von sich als Liebhaber, und daß er es als Schriftsteller nicht mit Nietzsche aufnehmen konnte, davon war er als erster überzeugt. Er war ein Pessimist, der sich fortwährend überreden mußte, daß es ganz so schlimm doch nicht sei.

Ganz anders Nietzsche. Obwohl das Fazit seiner Bemühungen eher kümmerlich ausfiel, blieb er im tiefsten Herzen überzeugt, Lou werde ihm zufallen. Seitdem ihn die neuen Pläne und Ideen überfallen hatten, war sein Fatalismus der Gewißheit des Auserwählten gewichen. Es mußte so sein, es konnte gar nicht anders sein, als daß eine Frau von der Gedankenschärfe und Verstandesklarheit Lous sich ihm zuwenden würde. Dabei sah er ganz von der Frage ab, wie nachhaltig er, der Basler Gelehrte mit seiner papierenen Vergangenheit und seinem professoralen Habitus, das schöne junge Mädchen etwa beeindruckt hatte. Immerhin hatte es auf dem Monte Sacro so etwas wie das erste Aufleuchten eines ewigen Sommertages gegeben, und davon zehrte er, auch wenn die folgenden Monate eher einen Rückfall gebracht hatten. Es stand ja auch noch der gemeinsame Studienaufenthalt am Himmel, und da – als Lehrer, Berater, Weiser – war er von dem Grünschnabel Rée wahrhaftig nicht zu verdrängen.

Schließlich, ein großes Werk war zu leisten und zu vollenden; es stand vor ihm wie die gewaltigen alpinen Gebirgsmassive, in deren Umkreis er sich am wohlsten fühlte, und da er nun einmal dazu ausersehen war, mußte das Schicksal ihm auch die gleichgeartete Jüngerin zugedacht und zugeteilt haben.

Lou war vorsichtig in ihren Briefen an ihn. Sie beließ es bei einem »herzlichen Händedruck«, fütterte aber seine Erwartungen doch mit Andeutungen: Wenn sie jetzt von einem Alleinsein mit ihm absehe, so schrieb sie ihm, geschehe dies nur im Interesse »unserer eigenen Pläne«, »damit wir umso freier und sicherer in den Hauptsachen unsere Absichten durchsetzen können«. Und wie hätte er nicht folgenden Satz in sich hineinsaugen sollen: »Es wird alles sehr gut werden, wir sind gute Wanderer und finden den Weg auch im Gestrüpp.«

So vertraute er sich am 13. Juli – die Zimmer in Tautenburg waren frisch gemietet – dem Freund Peter Gast an. Seine Freundin Lou, zwanzig Jahre alt, Tochter eines russischen Generals, sei scharfsinnig wie ein Adler und mutig wie ein Löwe und doch ein mädchenhaftes Kind. Adler und Löwe waren die Wappentiere des Zarathustra, der ihm damals durch den Kopf ging, und ein mädchenhaftes Kind war Lou wahrhaftig nicht, höchstens eine mädchenhafte Frau.

Doch »Kind« kam seiner Hoffnung entgegen, eine biegsame Jüngerin zu finden, und mit dem Zusatz »welches vielleicht nicht lange leben wird« träufelte er noch einen Tropfen Tragik auf seine Märchenfigur. Nur am Schluß des Briefes kommt die Realität zum Vorschein: »Übrigens hat sie einen unglaublich sicheren Charakter und weiß selbst sehr genau, was sie will – ohne die Welt zu fragen und sich um die Welt zu bekümmern.«

Das letzte war schon wieder falsch. Wer durchzusetzen sucht, was er will, muß die Welt sehr genau im Auge behalten. Sie nicht zu berechnen, war Nietzsches Fehler, nicht der Lous. *Sie* hatte ihm geschrieben, aus einem geplanten Treffen in Berlin könne nichts werden, *er* hatte zurückgeschrieben: »Also morgen früh um 11 Uhr 40« – das war der Zeitpunkt ihrer Ankunft – »*will* ich in Berlin sein, Anhalter Bahnhof« (»will« unterstrichen). Er forderte sie mit diesem »will« heraus, aber Lou wußte sehr genau, was *sie* wollte, und so stand er am Anhalter Bahnhof und hielt mit seinen kurzsichtigen Augen vergeblich Ausschau, stand da, so schreibt er selbst, »wie ein verlorener Groschen, den ich selber verloren hatte und dank meiner Augen nicht zu sehen vermochte, ob er mir schon vor den Füßen lag, so daß die Vorübergehenden lachten«.

Aus Tautenburg wurde trotzdem etwas, weil Lou wollte. Sie wollte haargenau das, was auf dem Programm stand: nicht Liebe, Verehrung, Flirt, Anbahnung einer Liaison, sondern Arbeit, Studium, philosophischen Diskurs. Daß sie dabei immer ihre Liebenswürdigkeit einbrachte, die von den meisten Männern mit Koketterie verwechselt wurde, dafür fand sie selbst sich nicht verantwortlich.

Nietzsche hingegen klang im Ohr, was sie ihm in einer vergleichenden Charakteristik zwischen Rée und ihm über ihn geschrieben hatte: Wenn man den Unterschied zwischen ihm und Rée in zwei Menschen verkörpern würde, so müsse man »dem einen die Züge des Egoisten, dem anderen die eines Helden aufprägen...« Um es schlichter auszudrücken: Rée hatte es gern bequem, Nietzsche, in allem Praktischen, in aller Aktion halbgelähmt, träumte sich ins Heroische hinauf, als Gipfelbezwinger.

Aber trotz aller Heldenhaftigkeit war der Anstand zu wahren, der bei Menschen verschiedenen Geschlechts durch eine Anstandsdame hergestellt wurde, in diesem Falle Nietzsches Schwester Elisabeth, die – so Nietzsche – geistig gewachsen war und in Tautenburg sich an Novellen versuchen würde. Tatsächlich war diese Vierte im Bunde diejenige, die, ihre Anstandsrolle wörtlich nehmend, die Tragikomödie ins Rollen brachte.

Die Verwirrung fing in Bayreuth an. Lou hatte, durch Rée vermittelt, einen Opernplatz, Elisabeth war von Cosima eingeladen, Nietzsche wartete auf eine Einladung und bekam keine. Lou, ohne eigentliches musikalisches Interesse, amüsierte sich köstlich, vor allem mit einem russischen Landsmann, einem Herrn von Schukowskij, der Wagners Freund, Bühnenmaler und Kostümbildner war. Er probierte einen Kostümstoff auf ihrem Leibe aus und lud sie zu spiritistischen Experimenten ein, höchst verdächtige Annäherungsversuche offenbar, über die gleich ein großes Getuschel anhob, das bis zu dem Mauerblümchen Elisabeth drang. Auch war da ein feuriger Herr von Stein, der durch seine Gegenwart bewies, daß man Philosoph und doch jung und gutaussehend sein konnte. Lou war für solche Geselligkeit der feineren Kreise geboren. Sie schwebte – und beobachtete zugleich, wie es die anderen trieben. Wagner und Cosima im Festgedränge hat sie in köstlichen Vergleichen festgehalten: »Da, wo der Mittelpunkt sich befand, Richard Wagner – infolge seines kleinen, ständig überragten Wuchses immer nur momenthaft sichtbar, wie ein aufschnellender Springbrunnen –, erscholl immer die hellste Heiterkeit; wogegen Cosimas Erscheinung durch ihre Größe sie über alle Umstehenden hinaushob, an denen ihre endlos lange Schleppe vorbeiglitt, zugleich sie förmlich einkreisend und ihr Distanz schaffend.«

Als das Fest vorbei war, fuhr sie zur Arbeit, zu Nietzsche nach Tautenburg, »unserem arbeitsamen Stilleben«, wie sie es für Nietzsche umschrieb. Wie der Zufall es wollte, stieg sie in

Bayreuth ausgerechnet in das Abteil, in dem Bernhard Förster saß, Elisabeths Verlobter, und Elisabeth konnte sich ausrechnen, wie diese Zigeunerin ihm den Kopf verdrehen würde.

In Jena, im Hause einer Freundin Elisabeths, trafen sich die beiden Frauen, und alsbald wurde deutlich, daß Elisabeth keineswegs mit ihrer bescheidenen Rolle als Anstandsdame zufrieden war, sondern ihren Bruder mit Zähnen und Klauen gegen das fremde Weibsstück verteidigen würde. Sie brachte den gemeinsamen Studienplan zur Sprache, der Nietzsche mit Lou nach Wien führen solle, und ließ durchblicken, daß sie diesen Plan für eine Erfindung Lous hielt, um den Bruder an sich zu ketten.

Das wiederum brachte Lou in Rage, deren schlüssige Rhetorik auf dem Satz aufbaute, sie kenne die Männer, und Elisabeths Bruder Fritz sei nicht besser als alle anderen. Elisabeth konterte, das möge wohl bei »ihren« Russen so sein, aber ihr Bruder sei »reingesinnt«. Worauf Lou angeblich wörtlich (nur Elisabeth hat über den Streit berichtet) antwortete: »Wer hat zuerst den Plan des Zusammenlebens mit den niedrigsten Absichten beschmutzt, wer hat erst mit der Geistesfreundschaft angefangen, als er mich zu nichts anderem haben konnte, wer hat zuerst an eine wilde Ehe gedacht, das ist dein Bruder!«

Da der Bruder selbst bei alldem nicht gehört worden war, fuhren die Damen trotzdem nach

Tautenburg. Nietzsche erwartete sie und brachte sie ins Pfarrhaus, wo sie logierten, und wanderte zurück in sein Kämmerlein in einem Bauernhof. Im Pfarrhaus, so Elisabeth, sei Lou erneut losgebrochen und »haarsträubend unanständig« geworden, bis zu dem herausfordernden Satz, sie könne mit Fritz in *einer* Kammer schlafen, ohne daß ihr schlimme Gedanken kämen. »Hör auf mit deinen unanständigen Reden!« rief ihr Elisabeth zu, und Lou: »Mit Rée spreche ich noch viel unanständiger.« Im übrigen habe ihr Rée den Anschlag des Bruders auf ihre Sittsamkeit verraten. Und so sonderbar dies uns scheint, Lou hatte recht. In seiner ersten Reaktion auf Rées Ankündigung der »Russin« hatte er sich ja, nach den Anschauungen der Zeit, durchaus als Lebemann und Lüstling geriert, und da stand in dem Brief ja auch, Rée hätte es schriftlich herumzeigen können: »Ein ganz anderes Kapitel ist die Ehe – ich könnte mich höchstens zu einer zweijährigen Ehe verstehen, und auch dies nur in Anbetracht dessen, was ich in den nächsten 10 Jahren zu tun habe.«

Zweijährige Ehen gab es damals nicht und gibt es bis heute nicht. Nietzsche sah alle Aufgaben und Risiken eines Verkündigerdaseins vor sich, und seine zwei Jahre waren solche, wie man sie zum Beispiel bei einem Mietvertrag ins Auge faßt: eine Vorsichtsmaßnahme. Das Dringendste, was er brauchte, war eine Schreibhilfe, die in diesem Glücksfalle auch eine Denkhilfe sein konnte. Aber das Wort Ehe, das er entgegen allen damaligen Weltbräuchen niederschrieb, konnte, wie er es meinte, nur jene ungeregelte Form bezeichnen, die man in jener Zeit, eben weil nicht den Regeln entsprechend, als »wild« ansah. Dem Muß-Einsiedler freilich wäre diese neue Lebensform durchaus nicht anstößig erschienen, denn er war ja gerade dabei, die Grundlagen einer neuen Moral zu entwerfen und zu entwickeln.

Lou hingegen hatte Elisabeth gegenüber nicht das geringste Bedenken, Nietzsches neue Philosophie als etwas zu bezeichnen, was sie nicht im mindesten kümmere. Sie sei an gemeinsamem Studium schlechterdings nicht interessiert, aber wenn sie nun plötzlich absage, handle sie nicht »groß«, sie blamiere Fritz und am Ende sich selbst. Es war eine Zeit des schönen Scheins und der großen Worte. Elisabeth stilisierte den Bruder zum Heiligen; er selbst sah sich lieber als Helden, und ihm schwebte auch ein Heldentum des Weibes Lou vor, das sich, kühn alle abgelebten, aber leider noch immer gültigen Konventionen verachtend, an seine Brust werfen würde.

Nun war allerdings auch das Streiten selbst unfein, Damen konnten sich nicht auf ein Weibergezänk einlassen, und auch die »zigeunerhafte Russin« fügte sich. In ihrem ›Lebensrückblick‹ schrieb sie Jahre später, es *scheine*, daß anfangs Streitigkeiten stattgefunden hätten, »veranlaßt durch allerlei Geschwätz, das mir bis jetzt unverständlich geblieben ist...«. Und Nietzsche, anfangs seinerseits verärgert und von den Erzählungen Elisabeths nicht unbeeindruckt, war bald zurückgewonnen; Lou und er fanden sich in ihren »tiefverwandten Naturen«.

Die Wochen in Tautenburg sind für Nietzsche eine große, berauschende, am Ende bittere Erfahrung geworden. Was hat Lou in dieser Zeit mit dem berühmtesten ihrer Verehrer angefangen, was hat sie später aus dieser Zeit gemacht? Es ist erstaunlich genug.

Gewöhnt an Rées streng logische Denkübungen, stieß sie nun auf einen Feuerkopf, einen Umwälzer, dem nichts mehr zuwider war als das Schritt-für-Schritt logischer Deduktion. Was über sie beide kam, war ein Orkan des Redens, eine Unerschöpflichkeit, die sich an den Tagen, wo sie zusammen waren, auf zehn Stunden ausdehnte. Lou führte für Rée Tagebuch, aber es war ihr unmöglich, den Inhalt der Gespräche zu notieren. »Sie fassen sich bei unseren Wanderungen durch die fernsten und nächsten Denkgebiete zu wenig in einzelnen scharfen Aussprüchen zusammen.« Es war schwindelerregend; jeder nahm dem anderen das Wort von den Lippen, und aus der Anstrengung des Redens wurde der Genuß der Inspiration. Lou war keine Schülerin mehr, sondern Partnerin; abends bei der wegen Nietzsches Augenempfindlichkeit mit einem Tuch verhängten Lampe planten sie gemeinsame Arbeiten, zwei »Freigeister im extremsten Sinne«. Sie trieben nun »fröhliche Wissenschaft« wie Nietzsche in seinem letzten Buch, – auf Gemsenstiegen, so schrieb Lou, ein Bild, das dem Bergwanderer Nietzsche gefiel und das bedeutete, daß die altüberlieferte Moral endgültig unten im Tal blieb. »Wenn uns jemand zugehört hätte, er würde geglaubt haben, zwei Teufel unterhielten sich.« So Lou, auch um Rée einen Schrecken einzujagen und seine Eifersucht zu steigern. Hier erst, bei Nietzsche, war sie voll in ihrem Element.

Doch sie war weder ein Teufel noch eine Hexe, sondern noch immer ein Demant. Es blieb beim »Sie« und bei Nietzsches andächtigem, zweimaligem Kuß auf ihre Hand. Die Teufeleien waren Gedankenexperimente, sie lachten viel. Aber – so tröstete sie Rée und sagte die Wahrheit dabei – »in irgendeiner verborgenen Tiefe unseres Wesens sind wir weltenfern voneinander ...«. Der Zusatz, den sie dazu machte, deutet an, worin das Trennende bestand: »N. hat in seinem Wesen, wie eine alte Burg, manchen dunklen Verlies und verborgenen Kellerraum, der bei flüchtiger Bekanntschaft nicht auffällt und doch sein Eigentliches enthalten kann.« Im Keller, das erriet sie leicht, war seine Sinnlichkeit, waren seine sexuellen Träume eingesperrt, sein Wunsch, sie doch zu besitzen.

Als sie sich im Oktober in Leipzig wieder trafen, diesmal mit Rée als heilige Dreieinigkeit, notierte sie, daß, wie die christliche Mystik, auch die ideale Liebe »gerade vermöge der großen Empfindungsaufschraubung« zur Sinnlichkeit zurückkehre. »Ein unsympathischer Punkt, diese Rache des Menschlichen«, merkte sie an, denn das sei der Punkt des falschen Pathos, der verlorenen Redlichkeit. Sie hatte Nietzsche die Rolle des Helden angeboten, des heroisch gesinnten Gründers einer Religion ohne Gott; dazu paßte das Lüsterne und Brütende, auf das sie in den Kellerräumen seiner Empfindungen stieß, wie die Faust aufs Auge. Er seinerseits hatte völlig falsch spekuliert, als er annahm, Lou werde sich ihm zuliebe über alle Konventionen hinwegsetzen. Sie war in hohem Maße karrierebewußt, planend, den Rechenkünsten des gesunden Menschenverstandes zugetan, in die ein Arbeitsseminar mit Professor Nietzsche vorzüglich hineinpaßte, nicht aber eine kurze oder lange Ehe. Mochte er ihr auch tausendjährigen Nachruhm versprechen, er war – ohne Vermögen, ohne Familie, ohne Stellung – keine gute Partie.

In eben dem Leipziger Oktober, in dem sich immer deutlicher abzeichnete, daß Nietzsche der störende Dritte in ihrem Bündnis mit Rée

Ein überraschendes Bild von Friedrich Nietzsche: der in die Ferne gerichtete und doch entschlossene Blick, die Bürstenfrisur, der geschwungene Bart zeigen eine Stilisierung ins Männlich-Energische an. Es ist die Zeit, da der Philosoph noch Hoffnungen auf das Leben setzt, auch auf das Leben mit Lou, der er sich ungefähr so präsentiert haben dürfte.

war und in dem sie immer empfindlicher darauf reagierte, daß Nietzsche Rée bei ihr auszustechen versuchte, schrieb sie an Heinrich von Stein, dieses ausgesucht schöne, wenn auch – nach Rées Ansicht – philosophisch völlig untaugliche Mannsbild: »Wir verlassen Leipzig in kurzer Zeit und würden es sehr bedauern, nicht vorher noch so lange wie möglich mit Ihnen zusammengewesen zu sein. Jeder Tag, den Sie länger bleiben, wird eine große Freude hervorrufen.« Stein kam, von solchen Sirenenklängen angezogen, und Nietzsche verreiste an diesem Tag. Als Rée und Lou nicht nach Paris gingen, um dort Nietzsche zu treffen, wie zuletzt geplant, sondern sich in Berlin niederließen, gehörte Heinrich von Stein gleich zu dem Kreis, der sich um die beiden bildete. Mit seinem kekken Schnurrbart, seinen hellen blauen Augen, seiner straffen Figur war er das Gegenbild zu dem Schmerzensmann von Sils Maria.

Nietzsche hatte sich ganz auf Paris eingerichtet, schon eine alte Freundin und einen neuen Freund gebeten, sich nach einem Zimmer umzutun. Er brauchte, nachdem ihm die Einsamkeit seine große Philosophie geschenkt hatte, die große Welt, um sie durchzusetzen. Aber er hörte nun nichts mehr von dem Paar, dessen inneren Zusammenhalt er so sträflich verkannt hatte, und seine Verzweiflung war so ungeheuer wie zuvor seine Euphorie. Einsamer als je, näherte er sich, um den Schock zu verwinden, den Haßphantasien der Schwester gegen die Russin bis zu dem Grade, daß er sie in einem Briefentwurf an Rées Bruder Georg Ende Juli 1883 »dieses dürre schmutzige übelriechende Äffchen mit ihren falschen Brüsten« nannte. Dann versuchte er wieder Annäherungen, und in einem Briefentwurf von Mitte Dezember 1882 konnte er Lou – ausgerechnet der emanzipierten Lou – schreiben, er sehe überall Fehler der Erziehung: Seiner Meinung nach solle ein Mann zum Soldaten erzogen werden, »in irgendeinem Sinne, und das Weib zum Weib des Soldaten, in irgendeinem Sinne«.

Ganz ähnlich taucht der Satz im ersten Teil des ›Zarathustra‹ auf, diesem Hauptwerk, mit dem er im Januar 1883 die Krise überwand und überstand. Das Kapitel »Von alten und jungen Weiblein«, in vielem Gedanken widerspiegelnd, die in den Gesprächen mit Lou eine Rolle spielten, zeigt Zarathustra im Besitz eines Schatzes, den er unter dem Mantel verborgen trägt. Ein altes Weiblein hat ihm den Schatz geschenkt, »eine kleine Wahrheit«, und ihn gebeten, sie eingewickelt zu halten, sonst würde sie laut schreien. Doch Zarathustra ist neugierig und enthüllt sie. Die Wahrheit lautet: »Du gehst zu Frauen? Vergiß die Peitsche nicht!« und ist bis in unsere Tage hinein der Kampfruf der Machos geblieben, immer falsch zitiert (»Wenn du zum

Weibe gehst...«) und doch populär bis hin zu den rauhen Jungmännern der Fußballvereine und der schlagenden Verbindungen. Nietzsche ging nicht zu Frauen und brauchte keine Peitsche. Nur einmal hatte er sich eine besorgt, um sie galant, mit einer Fliederdolde versehen, Lou zu überreichen.

Lou, nun eine triumphierende Victoria, schickte sich ihrerseits an, dort die Herrschaft zu übernehmen, wo die Frau ihre lenkenden Talente am besten entfalten kann: nicht in Küche und Keller, sondern in einem Salon. Dort würde sie selbst »Exzellenz« betitelt werden, während Rée sich mit der sanft-ironischen Bezeichnung als »Ehrendame« begnügen mußte.

Karussell und Karriere

Für Nietzsche war Lous Abfall die Katastrophe. Er hatte sich, zunächst erschauernd ob der eigenen Kühnheit, an den Gedanken gewöhnt, in die Große Welt hinauszutreten: in der vorsichtigeren Variante in Wien oder Paris Naturwissenschaften studierend und so den Grundstein legend für ein umfassendes, umstürzendes philosophisches Hauptwerk, in der waghalsigeren mit der Freundin Lou als attraktiver Werberin und Vermittlerin zu einflußreichen gesellschaftlichen Kreisen. Als ihr »Verrat« ihn wieder zu Sils Maria verurteilte, holte ihn allein die geträumte Prophetenrolle aus der äußersten Verzweiflung heraus: ›Also sprach Zarathustra‹ entstand – auch ein subtiler Racheakt.

Lou hatte es einfacher. Sie war nun wieder bei Rée, dem weniger glanzvollen und weniger aufregenden Freund, der jedoch für sie sorgte und sie nicht mit unziemlichen Wünschen belästigte, den sie gern hatte wie einen treuen Hund. Sie war durch die Begegnung mit Nietzsche reicher geworden: In Tautenburg hatte sie zum ersten Mal ganz frei gedacht, ganz auf eigene Faust, so schien es ihr wenigstens, und so gerüstet, erneuerte sie jenes erträumte Idyll, bei dem »eine angenehme Arbeitsstube voller Bücher und Blumen« von zwei Schlafstuben umschlossen wurde, »und zwischen uns hergehend, Arbeitskameraden, zu heiterem und ernstem Kreis geschlossen«. Getrennte Schlafzimmer, aber der Elan gemeinsamer Studien und anregenden Gedankenaustauschs. Leidenschaft, wenn sie denn sein mußte, hätte gerade dieses Idyll, dieses Oasen-Wohlgefühl, zerstört.

Der Schauplatz war zunächst weder Wien noch Paris (die kamen, so zielstrebig war das Mädchen, später an die Reihe), sondern, bescheidener und praktischer, Berlin, ein so provinzielles Nest, daß das durch keinen Trauschein ausgewiesene Paar die größte Mühe hatte, die gewünschte Dreizimmerwohnung aufzutun. Verblüffend schnell waren die »Arbeitskameraden« da. Es bildete sich – mehr um Lou als um Rée – ein Kreis junger Wissenschaftler, die so neue und aufregende Fächer wie Soziologie und experimentelle Psychologie betrieben, an ihrer Spitze die heute noch als Ahnen ihrer Disziplinen verehrten Ferdinand Tönnies und Hermann Ebbinghaus. Aus langer schweigsamer Arbeit von dem offenbar schon damals philosophenfreundlichen Schwarzwald stieg der Philosoph Ludwig Haller zum Berliner

Kreis hinab und ließ diesen an seinen »metaphysischen Siegen und Sorgen« teilnehmen. Neue Formen des Pantheismus lagen in der Luft: Nach der Drucklegung des ersten Bandes seines Werkes ›Alles in Allen‹ habe Haller während der Überfahrt nach Skandinavien einen freiwilligen Todessprung ins Meer getan, der »ausgesprochen mystisch untergründet« gewesen sei, hat Lou, kühl diesen Untergang verzeichnend, über ihn berichtet. Zum Kreis gehörte der junge Philosoph Heinrich von Stein, der Lou als schöner Mann sehr gefiel, und Nietzsches alter Studienfreund Paul Deussen, der sich prompt in Lou verliebte, aber sehr enttäuscht war, als sie Steins verschwommene Philosopheme interessanter fand als den Umgang mit ihm und seinen Gedanken. Es stieß der dänische Kritiker Georg Brandes dazu, der in Kopenhagen die aufsehenerregenden Vorlesungen über die Hauptströmungen der Literatur des 19. Jahrhunderts gehalten hatte. Durch Lou und Tönnies wurde der berühmte Herr Brandes auf den noch weithin unbekannten Philosophen Friedrich Nietzsche aufmerksam gemacht, und so waren es Lou und ihr Kreis, denen Nietzsche 1888 seinen beginnenden europäischen Ruhm verdankte, als Brandes, wieder in Kopenhagen, dem großen Publikum den »tyske filosof« vorstellte.

Ja, was sich da an bedeutendem Personal

sammelte, reichte durchaus zu einem Salon. Lou hatte nach russischem Ritual vom verstorbenen Vater den Titel Exzellenz geerbt. So wurde sie genannt, und Rée als »Ehrendame« in ihren höfischen Haushalt spöttisch eingereiht. Eigentlich war sie zu jung und zu schön für diese Rolle, und in der Tat wetteiferten die ebenfalls jungen Gelehrten um ihre Gunst. Aber sie wußte, wann immer sie sich einem ergäbe, wäre es mit den anderen aus, und so blieb sie liebenswürdig unnahbar, weiterhin »Demant«. Selbst in den Ferien löste sich der Kreis nicht ganz auf, denn dieses Philosophieren betraf nicht mehr die Systeme, sondern das Leben selbst, war LEBEN, so emphatisch gedacht und ausgesprochen, wie man es damals tat, und LEBEN macht bekanntlich keine Ferien. Wirklich, im Sommer 1884 stieß zu Lou und Rée am Tegernsee sogar der alte Herzensfreund Gillot, mit seiner Frau diesmal. Lou fühlte sich sehr glücklich und fand es hübsch, wenn Gillot, »in seiner warmen Weise« den Arm um Rées Schulter legte, »sein Gesicht mit dem energischen Schnitt und dem heitern, sarkastischen Mund von Rées scharfgeschnittenen, treuherzigen dunklen Zügen« sich abhebend. Sie träumte sich in ihr Jugenderlebnis zurück und verwechselte einmal den ins Zimmer tretenden Rée mit Gillot, war »an allen Gliedern zitternd einer Ohnmacht nahe«. Rée, wohl oder übel, nahm das alles in Kauf. Immerhin konnte er sich trösten, daß sie selbst keine peinlichen Situationen aufkommen ließ, sondern das jeweilige Trio durch »eine echte Zartheit des Gemüts und die vollkommenste Sittsamkeit« entzückte. So schrieb ihr Verehrer Ferdinand Tönnies, der die Sommerfrische 1883, ein Jahr vor den Gillots, mit dem Paar geteilt hatte, eine einzige Anschauung genüge, um jeden Gedanken an Zuchtlosigkeit auszuschließen, dafür lasse er sich beide Hände abhacken.

Im Winter zwischen diesen beiden Sommerfrischen war das Paar nicht nach Berlin zurückgekehrt, sondern hatte sich im Südtiroler Gries eingemietet, in der Nähe wenigstens des als Überwinterungskurort in der feinen Welt geschätzten Meran. Beide brauchten Stille, beide wollten arbeiten, Rée an seiner Habilitationsschrift über die Entstehung des Gewissens, Lou, bisher literarisch gänzlich unbeleckt und unbelastet, an einem Roman. Ihr Buch ›Im Kampf um Gott‹ war, wie sie später selbstkritisch gesagt hat, ein »Machwerk«, aber es gefiel, als es 1895 erschien, den Brüdern Hart, den kritischen Wortführern der naturalistischen Avantgarde in Berlin, und so wurde Lou im Handumdrehen eine gern gedruckte Journalistin und anerkannte Schriftstellerin, die keineswegs ihre berühmten Freunde brauchte, um in der literarischen Welt eine Rolle zu spielen. Sie war Jemand, weil sie den Zeitton traf, der immer nachdrücklicher vom puren Naturalismus hinüberwechselte zur Seelenschau, zur *Psyche*, wie man damals modisch sagte. Wie sie selbst es im ›Lebensrückblick‹ formuliert hat: »Der Zeitwille überführte die Strenge der Logik in die eigene Strenge einer Psychologie.«

Mit der »eigenen Strenge« drückte sie aus, daß die Wissenschaft damit keineswegs ins Schöngeistige oder Emotionale abglitt, sondern einen neuen, bisher unentdeckten Forschungsbereich aufschloß. Den Schlüssel dazu hatte sie von ihren Berliner Freunden, diesen Vätern der Neuerungen des 20. Jahrhunderts.

Um so schlechter ging es Rée. Seine Arbeit war fertig und gedruckt, aber niemand wollte sie. Die Türen taten sich nicht auf. Die Universität Straßburg habe »mit Händen und Füßen abgewinkt«, mußte er berichten. Nietzsche, der Freund, hat ihn einen der »kühnsten und kältesten Denker« genannt, aber in Wahrheit hatte er die neue Wendung, die seelenvolle, nicht mitbekommen oder mitvollzogen, war bei Schopenhauer und Darwin stehengeblieben. Seine analytische Kälte war *passé*, und da er zu allem anderen kein Mephisto oder Machiavelli war, wie es ihm seine eigene Philosophie nahegelegt hätte, sondern ein seelenguter Mensch, blieb nur das Scheitern eines Lebensplans, das Versagen, festzustellen. Die Spielerleidenschaft, die ihm Lou drakonisch abgewöhnt hatte, war nur die andere Seite dessen gewesen, was er seine Schlaffheit nannte, der illusorische Versuch, wenn schon nicht mit eigener Leistung, dann wenigstens mit der Roulettekugel zu Wohlstand zu kommen. Lou hatte ihn aus dem Sumpf gezogen, *sie* war jetzt seine Existenz. Aber eben indem er nun versagte, nur noch ein Medizinstudium als Ausweg sah, war ihrem Bund die Grundlage entzogen. Die Bindung lockerte sich: Weil er als Medizinstudent frühmorgens in die Anatomie mußte, empfahl sich eine gewisse Trennung. Sie hatten nie zusammen geschlafen, nun war es auch mit dem Beieinanderschlafen vorbei.

In eben jenem kritischen Jahr 1895, das Lou als Siegerin, Rée als Verlierer sah, klopfte eines Abends ein Herr Andreas an Lous Zimmertür. Er wohnte in derselben Pension, wo er türkischen Offizieren deutschen Sprachunterricht gab, und stellte sich als Iranist, Kenner des alten Persien also, vor. Tatsächlich war er alles andere als ein ordentlicher Gelehrter auf dem Weg zum Lehrstuhl, eine so abenteuerliche Mischung, daß Lou ihn mindestens mit Neugier musterte. Andreas war auf Java geboren; seine Mutter, halb Deutsche, halb Malaiin, hatte den Nachfahren eines persischen Fürstengeschlechts geheiratet, der freilich weder Geld noch Titel besaß. Nach einer vielseitigen Ausbildung – Andreas hatte auch Medizin gehört und war in Biologie beschlagen – hatte er ein Abenteuerleben geführt, war bei einer Expedition nach Persien als archäologischer Sachberater mitgereist, mußte aber, zurückgekehrt ins wirtschaftlich aufblühende Deutschland, in seiner Stellung am Berliner Seminar für orientalische Studien Sprachunterricht für Kaufleute und Diplomaten geben und verstand sich nebenbei auch auf Wunderheilungen.

Fiel Lou zu ihm ein, daß Nietzsches Zarathustra ein persischer Prophet war? Gefielen ihr seine großen Augen, sein dunkles Haar, sein schöngerundeter Vollbart? Ließ sie sich auf seine mystischen Plaudereien ein, die von der Einheit zwischen Mensch und Tier schwärmten?

Sicher bot er ihr so wenig wie Rée eine gesicherte Existenz. Wäre sie eine Karrierefrau gewesen, hätte sie viel glänzendere Partien machen können. Nicht das aber lag ihr im Sinn, sondern Ungebundenheit in der Bindung, Ruf und Reputation als Professorengattin mit der viel größeren Freiheit, die der Ehestand damals der verheirateten Frau dem jungen Mädchen gegenüber zubilligte. Ihr Lebenszuschnitt als Frau Professor Andreas blieb bis zum Schluß bescheiden, ländlich-sittlich am Rand der kleinen Universitätsstadt Göttingen.

Vergebens hat sie sich später, im ›Lebensrückblick‹, auf vielen Seiten bemüht, so etwas wie ein Bild ihres Mannes zu geben. Es sei, heißt es da, fast gleichgültig, ob man seine Wirkung mit etwas Übergroßem, Gewalttätigem vergleiche oder mit Zartestem, Hilflosestem, »wie eine Vögelchen es ist«.

Gewalttätig zeigte er sich jedenfalls, als er sich, immer dringlicher Lou umwerbend und ihre Hand fordernd, ein Messer in die Brust stieß. Das hat ihr sicher gewaltig imponiert. Sie war nicht verliebt in ihn, fühlte sich so wenig sinnlich erregt wie bei Gillots Attentat auf ihre Tugend; aber der entschlossene Wille dieses fünfzehn Jahre älteren Mannes, sie um jeden Preis zu seiner Frau zu machen, mochte ihr wie ein Gegenstück zu ihrer eigenen Entschlossenheit erscheinen, ihren Willen gegen alle Nötigungen von außen durchzusetzen. In diesem Punkt hatte sie den idealen Partner – oder Widerpart – gefunden.

Darum gab sie zwar seiner selbstmörderischen Erpressung nach und stimmte der Heirat zu, stellte jedoch mit ihren Gegenbedingungen das Pari wieder her. Die Freundschaft mit Rée sollte weiterdauern, vor allem aber: Er konnte sie zwar zur Heirat zwingen, nicht aber zur ehelichen Pflicht. Sie würde mit ihm wohnen, nicht mit ihm schlafen.

Lou hätte den alten Freund und den neuen Mann gern wie Lämmlein zu ihren Füßen gesehen. Aber Rée ging nun wirklich, verließ sie an einem späten Abend, kam kurz darauf wieder, weil es angeblich regnete, kam noch einmal, um ein vergessenes Buch zu holen, und dann nie wieder. Am Morgen dieser Nacht sah Lou, daß es nicht geregnet hatte. Sein langer Abschied, der das Nimmerwiedersehen programmierte, bedrückte sie immer wieder. In einem Traummanöver versuchte sie, damit fertig zu werden: Sie sah ihn als Dickwanst, das Gesicht fettgeschwollen, so daß die Augen fast zugedrückt waren. Der Fettwanst habe zufrieden gemurmelt: »Nicht wahr, so findet mich niemand!« Aber eben so fand er die ungetreue Freundin, brachte sich in Erinnerung. In der Abschiedsnacht hatte er ein Kinderbild von ihr zurückgelassen, das sie ihm einmal geschenkt hatte, und dazu geschrieben: »Barmherzig sein, nicht suchen!« Sie brauchte nicht zu suchen, er ließ sich nicht verdrängen.

Nun also war sie Frau Andreas und hängte ihren Mädchennamen mit Bindestrich an. So, als Lou Andreas-Salomé, lebt sie weiter. Noch einmal setzte sie, ehe es so weit war, ihren Kopf durch: Der offiziell, zur Überraschung ihrer Freunde angekündigten Verlobung ließ sie die kirchliche Trauung folge: durch niemand anderen als Gillot.

Gillot, immer noch Seelenfreund und Verkünder eines neuen Gottes, wandelte das alte Ritual ins Passend-Lebensreformerische um, und

Ein »Brautbild«: Lou und ihr Mann Friedrich Carl Andreas. Er olympisch ins Weite blickend, sie schutzsuchend, aber nicht zugewendet, eher in eine leere Zukunft starrend.

zwar – um die Symbolik noch zu vertiefen – in derselben Kirche in Holland, wo sie von ihm Jahre zuvor konfirmiert worden war. Dem Kirchenmann kam es sonderbar vor, daß er seine verflossene Liebste einem anderen Mann antrauen sollte, aber Lou ließ nicht locker. Er machte sich schließlich auf die lange Reise von St. Petersburg in das kleine holländische Städtchen, um schon am Abend desselben Tages, verärgert über die Mühe dieser Fahrt, wieder abzureisen. Lou aber blieb ihm auf ihre Weise treu und besuchte ihn regelmäßig bei ihren Reisen in die alte Heimat. Kurz nach vollzogener Eheschließung trat sie dann aus der protestantischen Kirche aus.

Die ersten zwölf Ehejahre, die mit der rauschhaften Epoche des *fin de siècle* und der ersten Welle jenes neuen Stils zusammenfielen, der *liberty, Style floréal* oder *Jugendstil* hieß, waren Lous glücklichste Zeit – die freieste, bewegteste, produktivste ihres Lebens. Sie wohnte in Berlin-Schmargendorf und lernte von ihrem Mann das Barfußgehen und die Wonnen der frischen Luft, war aber meist auf Reisen und fühlte sich in Paris und Wien bald so heimisch wie in St. Petersburg. Auch in Berlin hatte sie Anker geworfen, war nun zu Hause nicht mehr bei den Gelehrten, sondern bei den Literaten und Theaterleuten, brachte in den neuen Zeitschriften ihre zeitgemäßen Themen unter, veröffentlichte eine

Abhandlung über Ibsens Frauengestalten und profitierte vom schnell wachsenden Ruhm Nietzsches, indem sie unter diskreter Anspielung auf ihre Freundschaft mit dem Genie ein noch heute höchst lesenswertes Buch über ihn »in seinen Werken« verfaßte.

Sie lernte den Friedrichshagener Kreis kennen: Bruno Wille, der vor zweitausend Arbeitern in einem Brauereisaal die Freie Bühne gegründet hatte, Wilhelm Bölsche, der sein Hauptwerk, ›Das Liebesleben der Natur‹, noch vor sich hatte, die Brüder Hart mit ihren ›Kritischen Waffengängen‹, vor allem aber August Strindberg und den aufgehenden Stern des deutschen Dramas, Gerhart Hauptmann. In Friedrichshagen spielte sein neues Stück, ›Einsame Menschen‹. Man hätte leicht in der jungen Russin in diesem Stück, die in Zürich Naturwissenschaften studiert hat und einem Privatgelehrten den Kopf verdreht, Lou wiedererkennen können, wenn nicht durchgesickert wäre, daß Hauptmanns Modell eine Polin war, die in die Ehe seines Bruders Carl eingebrochen war. Immerhin ist im Nachlaß von Lou ein drängendes Billett Hauptmanns an die »Teure Frau« erhalten, und überliefert ist, er habe gesagt, er sei »zu dumm« für Lou – woran auch etwas Wahres war.

Nicht zu dumm für sie war Frank Wedekind, der nach dem Skandal seines Stückes ›Frühlings Erwachen‹ nach Paris ausgewichen war und dort die Nacht zum Tag machte. Lou zeigte sich interessiert am Nachtleben und emanzipiert, setzte aber weiterer Werbung ihr Diamant-Naturell entgegen. In Paris lernte sie auch den jungen Knut Hamsun kennen, die Franzosen ließ sie beiseite. In Wien hingegen war schnell das ganze literarische Establishment auf ihrer Seite, vom jungen Hofmannsthal über Felix Salten und Peter Altenberg bis zu Arthur Schnitzler. Es lief wie von selber, es flog ihr alles zu.

Sonderbar wäre es wahrhaft gewesen, wenn es in diesem Rausch der Begebenheiten, dieser Blitzkarriere ihrer schönen Intelligenz ganz ohne Abenteuer der Liebe, ganz ohne den Wunsch nach einer neuen starken Bindung abgegangen wäre. Als sie Andreas heiratete, war sie fünfundzwanzig, nach damaliger Vorstellung schon beinahe übers Heiratsalter hinaus (eben darum ließ sie sich aufs Heiraten ein). Nun, im mondänen Trubel und in der Lust, unter Menschen zu sein, erreichte ihr Wille, eine eiserne Jungfrau zu bleiben, seine Grenze. Dazu kam, daß sie seit Südtirol gesund geworden war und allem Gesunden zugetan. Die Strapazen des Hin- und Herreisens und der fleißigen Schreibtischstunden überstand sie leicht und wurde nun umso ungeduldiger gegenüber jener Herumhängerei, die sie an Rée hatte feststellen müssen (und die sie viele Jahre später veranlassen sollte, Rilke den Laufpaß zu geben).

Das *eine* Abenteuer, über das sie selbst im ›Lebensrückblick‹ berichtet, und die *eine* feste Bindung, die sie einging (und die sie im ›Lebensrückblick‹ verschweigt), waren im Vergleich zum mondänen Getümmel Entwöhnungs-, im Geiste ihres neuen Denkens und Fühlens Genesungskuren. Aus der literarischen Welt (die ja wirklich eine ist, eine sogar, die manche mit der Welt schlechthin verwechseln) brach sie jäh aus, um mit dem Mann ihrer Wünsche in das Land ihrer Wünsche zu reisen – in die freie Natur.

Das Abenteuer vereinte Lou mit einem Russen namens Ssawélij, den sie in Paris kennengelernt hatte, einem Mann »von baumstarker Gesundheit«, der mit den Zähnen Nägel aus der Wand reißen konnte. Die Bindung, die sie Ende 1895 in Wien einging, verband sie mit dem einige Jahre jüngeren Friedrich Pineles. Beide waren Ärzte. Das war kein Zufall. Auch Andreas zählte ja zu seinen Vorzügen wunderbare Heilungen, und möglicherweise war es auch Lou, die den unglücklichen Rée angestiftet hatte, Medizin zu studieren. Jedenfalls betrieb sie mit Pineles unter anderem medizinische Studien; es war das Gebiet, auf das sie ihre lebensreformerischen Interessen drängten.

Die Wanderung mit dem Rucksack war das andere Tor zum potenzierten Leben. Mit dem russischen Riesen machte sie von Zürich aus

Bergtouren, lebte auf der Alm von Brot, Käse, Eiern und kuhwarmer Milch; sie selbst fand, daß sie »dick und rund wie eine Kuh auf der Weide« geworden sei. Ganz inkognito lebten die beiden nicht; Wilhelm Bölsche kam als der erwünschte zweite Mann zu Besuch. Nach drei Wochen war sie wieder in Paris, und von dem nägelausreißenden Russen war nicht mehr die Rede.

Auch mit dem Dr. Pineles wanderte sie, den Rucksack geschultert, zu den Seen im Salzkammergut, später sogar bis Venedig. Er war der Sohn eines aus Galizien stammenden jüdischen Bauunternehmers, in Herkunft und in der Wohlsituiertheit seiner Familie Rée ähnlich, von diesem jedoch zu seinem Vorteil abstechend durch praktischen Verstand und Energie. Er war Assistenzarzt am Allgemeinen Wiener Krankenhaus, habilitierte sich 1902 und wurde 1912 Professor. Wie die Rées ein Gut in Westpreußen, besaßen die Pineles' eines in der Nähe von Salzburg. Pineles' Schwester war Malerin und heiratete trotz heftigen Widerstands beider Familien einen reichen Patriziersohn; so lag es nahe, daß auch Pineles und Lou ihren Bund als »inoffizielle Ehe« verstanden, im Sinne einer halben Legitimation für die Familie des Arztes, als eine Art höherer Vermählung in Lous Deutung der Dinge. Lou, nicht mehr Demant, wurde schwanger; sie verlor das Kind beim Sturz von einer Leiter, als sie auf einen Apfelbaum steigen wollte, ein so edelsymbolischer Begleitumstand, daß er gelinde Zweifel übrigläßt. Zemek, zu deutsch »Erdmann«, wie Pineles genannt wurde, erwies sich – wie demnächst zu schildern sein wird – auch dann noch als Freund und Ratgeber, als sich das Fast-Ehebündnis gelokkert hatte. Er, der Starke und Zarte, der Tüchtige und Gebildete, der Willenskräftige und Witzige, hätte sie gern geheiratet. Sie, ihm voll verbunden, zog am Ende doch die halbe Ehe mit Andreas einer sicherlich ganzen mit ihm vor.

Eine schwere Ehekrise war diesen beiden Eskapaden, der kurzen mit Ssawélij und der lang anhaltenden mit Pineles, vorangegangen. Auch sie erlaubt einen tieferen Blick hinter die Fassade von Lous Haltung, in ihren Grundkonflikt zwischen Verliebtheit, Leidenschaft und Legitimität.

Es fing harmlos und gesellig an, 1891 in Friedrichshagen, bei Bölsche vermutlich, der wie ein halbes Dutzend anderer Männer zu Lous »Spielkameraden«, ihren Mittelsmännern, gehörte. Georg Ledebour war ein stattlicher, strengblikkender, weitgereister und hochberedter Mann, der wie die meisten Friedrichshagener den Sozialdemokraten verbunden war. Im Jahr 1900 wurde er Reichstagsabgeordneter, fiel als glänzender Redner auf und trat später dem radikaleren, von der Mutterpartei sich abspaltenden

Flügel, den Unabhängigen, bei. Er war so streng, daß er Lou gleich bei der ersten Begegnung fragte, weshalb sie keinen Trauring trage. Sie hatte eine Ausrede, aber zu vermuten ist, daß auch diese Bagatelle Symbolcharakter hatte. Bald sagte er ihr auf den Kopf zu, daß sie zwar verheiratet, aber nicht im vollen Sinne Frau sei, und warf ihr vor, sie spekuliere wie der Blinde von der Farbe, wenn sie über die Wirkung nachdenke, welche »die Betätigung der Leidenschaft« auf ihr Liebesempfinden ausüben würde. Sie ihrerseits bemerkt im ›Lebensrückblick‹ mit der gewohnten Vorsicht: »Es ist nicht unmöglich, daß in mir selber Gefühle ihm entgegenkamen.« Andreas raste; eine Aussprache zwischen den beiden Männern fand nicht statt, weil Lou annahm, daß Andreas »den anderen nur niederstechen, aber nicht sprechen wollte«. Eine Pause trat ein, als Ledebour wegen Majestätsbeleidigung ins Gefängnis mußte.

Was sich da zutrug zwischen den drei Beteiligten, war *der* Konflikt der Zeit: langweiliger Ehemann *versus* lebensvollen Liebhaber – im Leben wie in der Literatur. In Hauptmanns ›Einsamen Menschen‹ sprachen der Held und die Geliebte von der »Ahnung eines neuen, freien Zustandes, einer fernen Glückseligkeit gleichsam, die in uns gewesen ist«. Als Lou sich entschloß, trotzdem bei Andreas zu bleiben, betonte sie, daß nicht »Gebundenheit an Sakrament und Menschensatzung« sie dazu bewogen hätten, sondern das »Unlösliche, meines Mannes Sein und Wesen«. Wir neigten dazu, praktischere, realistischere Einstellungen und Überlegungen für solche Entschlüsse verantwortlich zu machen, damals hingegen überredete jedermann sich gern zu so Hochklingendem wie »Sein und Wesen«. Als Lou dann ein paar Jahre später Rilke kennenlernte, war der Dichter so voll von diesen hohen Tönen, daß es selbst ihr zuviel wurde.

Ledebour jedenfalls war gekränkt und heiratete eine aufopferungsvolle Frau. Rée aber, der Treueste der Treuen, inszwischen Arzt geworden, ließ sich in Celerina nieder, wohnte in der Pension, in der er mit Lou glücklich gewesen war. Er versorgte die armen Leute um Celerina, und das waren viele, mit Lebens- und Arzneimitteln. »In den Bergen um Celerina verunglückte Paul Rée tödlich durch Absturz«, so hat Lou im ›Lebensrückblick‹ ihr Kapitel über ihn beendet. In diesem Falle: ohne mystischen Untergrund.

Das Paar

Nietzsche hatte gleich in mehrerer Hinsicht Lous Neigung getroffen, als er ihr im Petersdom mit dem großen Wort »Von welchen Sternen sind wir einander zugefallen?« entgegengetreten war. Ein Sternenglaube, eine kosmische Religion, das hätte jenem Weg zwischen nüchternem Rationalismus und finsterer Orthodoxie entsprochen, den sie als Siebzehnjährige ihrem Traumprediger Gillot vorgeschlagen hatte. Und niemals hat sie diesen Traum eines wärmenden, lebenspendenden Nicht-mehr-Glaubens so vollkommen erreicht wie in dem Bündnis mit Rilke, dem zweiten großen Abenteuer ihrer Weltkarriere, das im Jahr 1897 begann, als Liaison 1901 endete und als Freundschaft bis zu Rilkes Tod fortdauerte.

Diesmal wurde kein schicksalsschwerer Satz gesprochen. Man lernte sich bei Jakob Wassermann kennen – zur Teestunde, zwei Damen, zwei Herren, Lou mit ihrer Freundin Friederike von Bülow. Leichte Konversation, zartes Gebäck, mittendrin der *coup de foudre*, der Blitzschlag, der auf deutsch viel schwächlicher »Liebe auf den ersten Blick« heißt.

Wassermann, der eine der beiden Autoren, wenig jünger als Lou, weiß schon, was er will. Er arbeitet an seinem ersten Roman, ›Die Juden von Zinsdorf‹, und kennt, aus Franken kommend, in München Gott und die Welt. Der andere, damals noch René Maria Rilke sich nennend, ist blutjung, unerfahren, hat kein Geld, produziert ununterbrochen Gedichte, Theaterszenen, Poetisches schlechthin. Er reimt brillant, es strömt ihm zu, aber auch der virtuoseste Reim macht keinen Leser glücklich. Die beiden Freundinnen sind stattlich: die Bülow ist Afrikaforscherin, die Lou, wie Rilke nach Hause schreibt, »eine berühmte Schriftstellerin«. Der Blitzschlag trifft den jungen René.

Er kam freilich nicht aus heiterem Himmel, sondern hatte eine Vorgeschichte. Rilke hatte einen Essay von Lou gelesen, ›Jesus der Jude‹, dessen Gedanken sich mit etwas berührten, was er selbst gedichtet hatte unter dem Titel ›Christus-Visionen‹. Und so schrieb er der Schriftstellerin Lou am folgenden Tag, dem 13. Mai 1897, über seine Lektüre:

> Nicht Interesse war es, was mich tiefer und tiefer in diese Offenbarung führte, ein gläubiges Vertrauen ging mir auf dem ernsten Weg voran, und endlich war's wie ein Jubel in mir,

> das, was meine Traum-Epen in *Visionen* geben, mit der gigantischen Wucht einer heiligen Überzeugung so meisterhaft klar ausgesprochen zu finden.

Er rühmte die »eherne Kargheit«, »die schonungslose Kraft« von Lous Worten; durch sie habe sein Werk »eine Weihe, eine Sanktion« erhalten, ihm sei wie einem gewesen, »dem große Träume in Erfüllung gehen«. Dies »an die gnädigste Frau« gerichtet, die er um ein Wiedersehen bat, gleich am nächsten Tag im Theater. Und ob er ihr die eine oder andere seiner Visionen demnächst vorlesen dürfe?

Lou gefiel der junge Dichter. Sie hat ihm wahrscheinlich die gleichen Avancen, Augenaufschläge, Anzüglichkeiten geschenkt wie allen anderen Männern, die sie interessant fand, und wieder wirkte ihr Doppel-Appeal, Geist und Anmut, wie durch Knopfdruck. Natürlich spielte mit, daß sie erfolgreich war, Verbindungen hatte, aber das Wesentliche war Wahlverwandtschaft, Seelenbündnis als Vorläufer engerer Beziehung.

Daß ›Jesus der Jude‹ die Brücke baute, ist alles andere als ein Zufall. Dieser kluge und tiefführende Essay der Lou entwickelte am Bild Jesu den Idealtypus des religiösen Genies: Gott war nicht da, aber das religiöse Genie erschuf ihn sich wie ein großer Künstler sein Werk. In diesem Sinne hatte Lou prophezeit, Nietzsche, auch ein religiöses Genie, werde eine Religion für Helden schaffen. Nun war es vielleicht an dem jungen Mann mit seinen Christus-Visionen, eine ähnlich freie, von Altgöttern freie Religion dichterisch hervorzubringen. So merkwürdig dieser Zusammenhang ist, so wenig ist doch zu verkennen, daß die glänzendste Frucht der Begegnung Rilkes und Lous ein solches freireligiöses, sich seinen Gott selbst schaffendes Dichtwerk ist, das ›Stundenbuch‹, das in mehreren Anläufen zwischen 1899 und 1903 entstand und 1905 erschien. Es wurde Rilkes erster großer Erfolg; wirklich, wie der Titel andeutete, ein Brevier für die Gebildeten, die sich mit ihm in Händen frommer fanden als die Kirchgänger. Er hatte es, wie ein Kritiker formuliert hat, unter Lous »ebenso sanftem wie starkem Einfluß« geschrieben.

Aber bis dahin war es an jenem *coup-de-foudre*-Teenachmittag bei Wassermann noch weltenweit. Zunächst war Rilkes Verliebtheit nur der Anlaß, daß er Lou mit Gedichten geradezu überschwemmte. Noch außerstande, irgendetwas auf der Welt einfach auszudrücken, schrieb er zum Beispiel: »Wegen des heutigen Nachmittages wird mir wohl noch Kunde?«, und war imstande, um Lous Satz »Ich bin so einfach« folgende Wortgirlande zu schlingen:

»Dieser Spruch soll der Schlüssel meiner Geheimschrift sein. An jedem meiner Worte rühre mit seiner goldechten Macht, und wie aus einem gothischen Eisenschrein fließt dir draus entgegen: der funkelnde Strom meiner tausend Zärtlichkeiten.«

Sie, die resolute Frau, fand dergleichen zunächst schrecklich und zögerte nicht, es ihrem jungen Liebhaber mitzuteilen, mußte es aber doch rührend finden, daß er mit Rosen in der Hand in München durch den Englischen Garten streifte, statt sie bei ihr abzugeben, »zitternd vor lauter Willen, Ihnen irgendwo zu begegnen«. War das nicht so, fragte er naiv-listig, »wie wenn einer einen Brief ins Meer wirft, damit die Wellen denselben an den Strand des Freundes tragen«?

Närrisch, aber veredelbar, mochte sie denken und hatte recht. Sehr bald war sie seine Geliebte. Sehr bald war sie auch seine Mutter, entschlossen, aus diesem hochbegabten, richtungslosen, formbaren jungen Menschen einen Mann zu machen. Er lernte aus ihrer neuen Lebensreligion, daß der Akt geschlechtlicher Vereinigung ein heiliger Vorgang war, eine »Vermählung«, wie sie dergleichen feierlich benannte. Sie war, wie sie sein konnte, zu Zeiten temperamentvoll-leidenschaftlich oder zärtlich einfühlend, nachhelfend, anleitend.

Als alte Frau, 1934, schwärmte auch sie mit dem Seelenpathos der Zeit um 1900:

> War ich jahrelang Deine Frau, so deshalb, weil Du mir das *erstmalig Wirkliche* gewesen bist, Leib und Mensch ununterscheidbar eins, unbezweifelbarer Tatbestand des Lebens selbst. Wortwörtlich hätte ich Dir bekennen können, was Du gesagt hast als Dein Liebesbekenntnis: »Du allein bist wirklich.« Darin wurden wir Gatten, noch ehe wir Freunde geworden, und befreundet wurden wir kaum aus Wahl, sondern aus ebenso untergründig vollzogenen Vermählungen. Nicht zwei Hälften suchten sich in uns: die überraschte Ganzheit erkannte sich erschauernd an unfaßbarer Ganzheit. So waren wir denn Geschwister – doch wie aus Vorzeiten, bevor Inzest zum Sakrileg geworden.

Man täuscht sich freilich, wenn man denkt, im Sinn dieser mystischen »Wirklichkeit« sei es auch in Wirklichkeit zugegangen. Es war Jugenstilzeit, das *fin de siècle* war abgeblasen, die Lebensfeier, pathetisch ausgerufen, wurde bürgerlich abgewickelt. Man zog aufs Land, in das halb bäuerliche Wolfratshausen, nicht weit vom Starnberger See, und ging barfuß durch Wiese und Wald.

Die Bülow war aus Anstandsgründen dabei,

In der Gartenlaube des Lutz-Häuschens in Wolfratshausen, 1897. Lou aufs Geländer gestützt, dessen Balken ein merkwürdiges Verbotskreuz bilden, neben dem russischen Kritiker Akim Wolinski; Rilke nachdenklich und abseits; sitzend die Freundin Frieda von Bülow und der Jugendstil-Architekt August Endell.

während Rilke aus den gleichen Anstandsgründen etwas abseits wohnte. Ein zweiter Mann fehlte nicht, eine Hauptfigur der Zeit und Münchens größter Jugendstil-Architekt, August Endell. Lou hatte ihn gekapert; er half, aus den Zimmern über dem Kuhstall etwas Anheimelndes zu machen, mit Decken, Kissen und Geräten. Endell hatte das Haus Elvira in der Münchener von-der-Thann-Straße gebaut, das ihn berühmt machte, und eben dort eröffnete eine weitere Freundin des Kreises, Sophia Goudstikker, jenes photographische Atelier, aus dem die Gruppenbilder der Wolfratshausener Zeit hervorgegangen sind. Eigentlich, so Lou, hätte auch die Kuh aus dem Stall unter ihrer Wohnung abgebildet werden sollen; aber sie war nicht zum Blick aus dem Fenster zu bewegen.

In dieser Zeit wurde aus René Rainer. René, das wußte man damals noch, war Chateaubriands französisches Gegenstück zu Werthers Weltschmerz. Rainer dagegen war frischdeutsch und klang nach Reinheit. Seine Handschrift, so diktierte zusammen mit Lou der Jugendstil, wandelte sich vom Flüchtigen zum Kalligraphischen, näherte sich der Lous: Das war kein Wunder – so wenig wie die Tatsache, daß Lous Stil sich unwillkürlich an gewisse Manierismen ihres Rainer anlehnte. Als im Juli Andreas dazukam, änderte sich nichts. Er glaubte Lou offenbar, daß es sich bei Rainer um eine Art

Ziehkind handelte. Vieles spricht dafür, daß Lou auch Rilkes Tagesablauf und Lebensplan mitredigierte: Kunstgeschichte mußte studiert werden, wegen des hohen Ranges, welcher der Kunst in der neuen Religion zukam, Renaissance war das Zauberwort der Epoche, denn man hoffte auf eine erneuerte Wiedergeburt, eine Reise nach Florenz war zu absolvieren. Was Rußland anging, so trafen sich wohl beider Wünsche. Rilke hoffte auf mehr Stoff und Ansporn für seine Begabung, auf mehr Elementares; Lou hatte eingesehen, daß es ihr und ihrer russischen Seele guttat, etwas mehr von dem Riesenreich zu wissen und zu kennen als ein paar Petersburger Ausschnitte.

Unglaublich, mit welcher Ausdauer, welcher gründlichen Vorbereitung, welcher sorgfältigen Planung die beiden Reisen ins Werk gesetzt wurden. Auch da war Lou der Reisemarschall, der die Besichtigungen leitete, die Verbindungen knüpfte, einschließlich der Besuche beim alten Tolstoj, der als eine Art Apostel das neue Evangelium verkörperte. Aber wie lief es ab die ganze Zeit? Immerhin war bei der einen Reise Andreas mit von der Partie. Wie hat Lou die Balance gehalten zwischen Ehemann und Liebhaber? Fühlte sie sich in den Studentinnentraum von den Lehrjahren mit Mann links, Mann rechts zurückversetzt?

Sicher ist, es knisterte im Gebälk – nicht in ihrer Ehe, sondern im Verhältnis zum Geliebten. Bei ihm jähe Krisen, Angstanfälle, Sich-Hinwerfen, Schreien, so bei einem Spaziergang durch ein Akazienwäldchen bei Kiew. An einer bestimmten Akazie konnte er nicht vorbei. Es war wie im ›Erlkönig‹: »Mein Vater, mein Vater, und siehst du denn nicht...?« Für Lou sah die eine Akazie aus wie alle anderen; das Kind Rilke kehrte in die Hysterie seiner Anfänge zurück, weil die Mutter-Geliebte es nicht mehr so selbstverständlich in ihren Schoß aufnahm wie ehedem.

Nach der Rückkehr wohnten sie nahe beieinander am Rand von Berlin, und noch immer wurde im Wald spazierengegangen. Immerhin, im Herbst 1900 konnte Lou ihn für ein paar Wochen abschieben, nach Worpswede, zu den jungen Künstlern, die das Dörfchen bald berühmt machen sollten. Am Neujahrsabend schrieb sie in ihr Tagebuch, sie brauche wieder mehr Alleinsein, wie vor vier Jahren, vor ihrer Bindung an Rilke also. Am 10. Januar eine weitere Eintragung: Sie sei zu Hause abscheulich gewesen, »ich möchte Meere an Liebe haben, um das wieder auszulöschen«. In Klammern hinzugesetzt: »Schlecht war ich auch gegen Rainer, aber dies tut mir nie weh.« Das heißt: Hier mußte Schluß sein. Sie ließ sich verleugnen, sie wollte nicht mehr.

Das gipfelte in einem höchst dramatischen

Leben auf dem Lande: Rilke und Lou bei dem russischen Bauerndichter Spiridon Droschin, der den beiden seine Gedichte vorliest. Lou ist entzückt von der Wiese und der sich ausbreitenden russischen Landschaft; über den Aufbruch schreibt sie: »So geht man doch nur von zu Hause fort.«

Abschiedsbrief, der die Überschrift »Letzter Zuruf« trug und durchaus wörtlich gemeint war, so wie man jemandem noch einmal zuruft, der sich vom Dach stürzen will. Ihre Warnungen sind starker Tobak: vor Selbstmord nicht nur, sondern auch vor Rückenmarkserkrankung und Wahnsinn (so war es ja Nietzsche ergangen, obschon sie ihn nicht erwähnt). Sie beschwört ihn: »Begreifst Du meine Angst und meine Heftigkeit, wenn Du wieder abglittest, und ich das alte Krankheitsbild wiedersah? Wieder den zugleich lahmen Willen neben jähen, nervösen Willenseruptionen, die Deinen organischen Zusammenhang durchrissen, haltlos Suggestionen gehorchten, und nicht untertauchten in die Fülle der Vergangenheit um gesund zu assimilieren, zu verarbeiten, sich selbst vom Grund an aufzubauen!«

Ja, er hatte sich gegen das Lebensevangelium vergangen, gegen die neue Frohbotschaft; sie selber wurde »verzerrt, zerquält, überangestrengt«, ging nur noch »automatisch, mechanisch« neben ihm. Sie konnte sich nicht enthalten, in diesem Abschiedsbrief sich selbst als voll gelungenes Modell zu präsentieren: Sie sei seit Wolfratshausen trotz des Altersunterschieds immer weiter gewachsen, »bis in meine Jugend hinein!« Erst jetzt sei sie so jung wie andere mit achtzehn, »ganz ich selbst«.

Eine überraschende Wendung für eine Frau,

die vor nicht ganz zwei Wochen vierzig geworden war und eben in diesem Lebensaugenblick reinen Tisch machen wollte. Warum auf eine so drastische Art, das enthüllt in ihrem langen Brief ein kleiner Satz: »...für den Fall, daß Du Dich bindest...« Sie vermutete richtig: Zwei Monate nach diesem Brief heiratete Rilke die Bildhauerin Clara Westhoff und zog, nach Flitterwochen im Dresdner »Weißen Hirsch«, im Juni nach Westerwede. Am 12. Dezember kam seine Tochter Ruth auf die Welt.

Lou war verheiratet. *Sie* konnte Rilke nicht heiraten. Aber sie war eine Frau und hatte ihn geformt; er gehörte ihr und wurde ihr nun weggeschnappt, aus jenem Worpswede, das sie selbst ihm zugänglich gemacht hatte. Und dazu war die räuberische Frau eine Künstlerin, hatte also mit sich selbst genug zu tun, konnte sich nicht liebend des zweifelnden und reifenden Dichters annehmen! Höchste Zeit, daß er von ihr ermutigt wurde, seine Ängste abzuwerfen! Ein letztes: Clara Westhoff war jung, jünger als ihr neuer Freund und baldiger Gatte. Darum fing Lou ihren Zuruf so hochpoetisch an. »Jetzt wo alles um mich in lauter Sonne und Stille steht und die Lebensfrucht sich reif und süß gerundet hat...« Da ist nicht das Wetter des 26. Februar 1901 gemeint, das ist sie selbst, die *femme de quarante ans*, reif und süß und jung wie mit achtzehn Jahren. Darum kommt in ihrem Brief auch Zemek vor, Zemek als Ratgeber für den seinen Ängsten ausgelieferten Rilke, und Rilke weiß oder soll ahnen, daß Zemek ihr Freund ist, ihr Geliebter. Die kleine Hütte, die sie nun in der weiten Lebenslandschaft sieht, ist nicht mehr Rilkes Hütte. »Ich gehorchte ohne es zu wissen dem großen Plan des Lebens, das ein Geschenk über alles Verstehen und Erwarten hinaus lächelnd schon bereit hielt für mich.« Nun könne sie ihm zurufen: »Gehe denselben Weg Deinem dunklen Gott entgegen.«

Rilke antwortete, wie zu erwarten, mit einem Gedicht. Die Verse sind zu glatt, als daß sie einer Katastrophe abgerungen sein könnten. Aber sie sagen das Wesentliche: In der ersten Strophe die plötzliche Erblindung durch den Schreck der Botschaft, in der zweiten der Prozeß der Formung, Lou als Bildhauerin. In der dritten schließlich ein skizziertes, erstaunlich treffendes Porträt:

Warst mir die mütterlichste der Frauen,
ein Freund warst Du wie Männer sind,
ein Weib so warst Du anzuschauen,
und öfter noch warst Du ein Kind.
Du warst das Zarteste, das mir begegnet,
das Härteste warst Du, damit ich rang.
Du warst das Hohe, das mich gesegnet –
und wurdest der Abgrund, der mich
verschlang.

Nicht sehr rilkisch sind diese Verse, wie man sagen muß, ähnlich dichtete Lou auch. Aber ihr haben sie gefallen, als Formel für das, was sie sein wollte, irgendwo und irgendwie zwischen Engel und »Demant«.

Nachgetragen werden muß, daß Rilke zwei Jahre später – die Ehe mit Clara Westhoff war nun praktisch aufgelöst – mit Lou wieder anzubandeln wagte. Wenn es nicht sein könne, dann erbitte er die Adresse von Dr. Pineles, ließ er vielsagend einfließen – das war jener Zemek, der Lous Lebensratschläge medizinisch untermauert hatte. Doch Lou antwortete versöhnlich, und wie durch ein Wunder entstand etwas Neues, jene Brieffreundschaft (mit gelegentlichen, von Rilke erflehten Wiederbegegnungen), die in der Edition des ›Briefwechsels‹ fast den ganzen Band, über 400 Seiten, füllt. Auf merkwürdige Weise lief Lous Entwicklung und Berufslaufbahn als Psychotherapeutin wieder auf Rilkes Schaffenskrisen und Erschöpfungszustände zu. Sie hatte ihn erschaffen, nun war sie seine Nothelferin und, als Psychotherapeutin, seine Beichtmutter. Sein letzter Brief vom 13. Dezember 1926, fürchterlichen Schmerzen abgerungen und nur mühsam mit Bleistift hingekritzelt, fängt mit dem vertrauten »Dorojága« (»Liebste«) an und hört mit »Dorojága mojá« (»meine Liebste«) auf. Vorher steht dort der das Grauen der tödlichen Krankheit andeutende

Seufzer: »Aber. Die Höllen.« Ihr letzter Brief ist noch einmal ein »letzter Zuruf«, auch die schrecklichsten Zustände als eigene anzunehmen, mit dem Imperativ: »Dir vertrau!«

Nanni Wunderly-Volkart, die an Rilkes Sterbebett saß, hat überliefert, daß er an seinen zwei letzten Tagen – er starb am 29. Dezember – mehrmals gesagt habe: »Vielleicht wird die Lou Salomé doch begreifen, woran es gelegen hat...«

Ein Genie des Verstehens

Die Trennung von Rilke eröffnete kein neues Kapitel in Lous Leben; sie war ja, so sah es aus, nur vorübergehend. Tatsächlich war das, was 1904 wieder anhob, eine ganz neue Freundschaft. Rilke hing weiter an ihr als der Mutter-Geliebten; sie selbst wurde sich bewußt, daß ihre Aufgabe nun nicht mehr eine erotische, sondern eine therapeutische war, als Aussprech-Partnerin. Sie konnten nun unterschreiben »Dein alter Rainer«, »Deine alte herzensfrohe Lou«. Er schrieb im März 1919: »Wie schön und gut, daß Du da bist!« Sie schrieb im gleichen Jahr in ihr Tagebuch. »Blick ich nach München zurück, so seh ich nur Rainer.« In diesem Jahr schickte er ihr auch das wahrscheinlich 1911 in Duino entstandene Gedicht ›Ich hielt mich überoffen ...‹, wo es rückblickend heißt:

Wer spricht es aus,
was uns geschah? Wir holten jedes nach,
wozu die Zeit nie war. Ich reifte seltsam
in jedem Antrieb übersprungner Jugend,

und du, Geliebte, hattest irgendeine
wildeste Kindheit über meinem Herzen.

Die beiden letzten, auf sie bezogenen Verse schnibbelte die diskrete Lou weg. Sie standen zum Glück auch in Rainers Taschenbuch. *Ihre* Briefe an ihn kann man mit Fug zu dem Besten rechnen, was sie geschrieben hat.

In den beiden Jahrzehnten vor dem Ersten Weltkrieg entfaltete sie sich als Schriftstellerin. Ihre Erzählung ›Ruth‹ (Ruth nannte dann Rilke sein Kind von Clara Westhoff) machte 1895 den Anfang; 1897 erschien sie schon in zweiter Auflage. Es folgte ›Aus fremder Seele‹, eine ›Spätherbstgeschichte‹, dann, 1898, mit ›Fenitschka‹ eine Art verstecktes Selbstporträt. Im gleichen Jahr kam die Novellensammlung ›Menschenkinder‹ heraus, 1901 ›Ma, ein Porträt‹, 1902 ›Fünf Geschichten aus dem Seelenleben halbwüchsiger Mädchen‹ mit dem Titel ›Im Zwischenland‹. Auch die Familiengeschichte ›Das Haus‹ und die russische Erinnerung ›Ródinka‹, die nach dem Krieg erschienen, sind in dieser großen Schreibezeit entstanden. Für den gleichen Zeitraum verzeichnet ihre Bibliographie rund siebzig Zeitungs- und Zeitschriftenartikel; sie war fleißig.

Freilich, was sie schrieb, rangierte damals unter »Frauenliteratur«, als solche anerkennenswert, aber eben doch nicht mit dem Schaffen des männlichen Genius vergleichbar. Vieles von ihr erschien in der Zeitschrift ›Die Frau‹, die Geschichte ›Vor dem Erwachen‹ wurde in einem Band mit dem Titel ›Meisternovellen deutscher Frauen‹ gedruckt. Die berühmte Gesamtdarstellung ›Dichtung und Dichter der Zeit‹ von Albert Soergel (1911) behandelte die Frauenliteratur in einem eigenen Kapitel, in dem Lou Andreas-Salomé zusammen mit Clara Viebig, Helene Böhlau, Isolde Kurz und anderen Damen untergebracht war. Indem man den Frauen dieses Ressort zuwies, legitimierte man sie und verwies sie zugleich auf ihren Platz. Erst in Klaus Günther Justs Literaturgeschichte der letzten hundert Jahre ›Von der Gründerzeit bis zur Gegenwart‹ (1973) erhält sie den verdienten Rang: Zusammen mit Ricarda Huch wird sie die bedeutendste Schriftstellerin der Epoche genannt. Das muß man all den Gutgesinnten entgegenhalten, die sie nur als die beglückte Gefährtin großer Männer bewundern oder sie – Gott sei's geklagt – sogar in die Nähe der Alma Mahler-Werfel rücken.

In einem wesentlichen Punkte war freilich Ricarda Huch ihre Antipodin. Es war zu unterscheiden: »Entweder gibt sich die Schriftstellerin bewußt als Frau, auch als Frau in ihrer Eigenschaft als Geschlechtswesen, oder aber sie setzt sich im Gefühl gewonnener Gleichheit in die Position des Mannes« – so Klaus Günther Just. Lou Andreas-Salomé steht für die erste

Entscheidung: Sie war mit solcher Lust, schreibend und reisend, mit Männern und mit Frauen, Frau, daß sie gerade in diesem Punkt, im vollen Ausleben ihres Frauseins *gegen* alle Regeln der Epoche, mustergültig ist. Das Wort »Selbstverwirklichung« war noch nicht da. Sie lebte es.

Sie lehrte es auch. Im Jahre 1910 erschien ihre Schrift ›Die Erotik‹, ein Meisterwerk von siebzig Seiten, das ahnen läßt, was an gedanklicher Schärfe und an Formulierungsgabe in dem hübschen Köpfchen, hinter den »herrlichen Tigeraugen«, steckte. Sie hatte sich etwas Ungeheuerliches vorgenommen: etwas, was sich der Logik offenbar entzog, das Ewig-Weibliche nämlich, mit den Mitteln des stringenten Diskurses zu analysieren. Als Probe dessen, was sie denkend leistete, sei die erste Seite dieser Schrift hierhergesetzt – auch als Warnung an alle, die sich weibliche Schreibweise weicher und gefühlvoller vorstellen:

»Man mag das Problem des Erotischen anfassen, wo man will, stets behält man die Empfindung, es höchst einseitig getan zu haben. Am allermeisten aber wohl dann, wenn es mit Mitteln der Logik versucht wurde: also von seiner Außenseite her.

Bedeutet das an sich ja schon: so lange und so viel unmittelbare Lebendigkeit der Eindrücke abziehn, bis man sich in bequemster Überein-

Das schönste Bild von Lou, aus ihrer größten Zeit, um 1900. Das wellige Haar verdeckt die hohe Stirn, die Augen sind weit aufgeschlagen, die leicht aufgeworfenen Lippen verraten eine Sinnlichkeit, die weiß, was sie will.

stimmung mit einer möglichst großen Gesellschaft befindet. Oder anders ausgedrückt: die Dinge genügend unsubjektiv, genügend fremd von uns selber vorstellen, um anstatt der Ganzheit, Unzerstücktheit einer Lebensäußerung, ein auseinanderlegliches Stückwerk zu erlangen, das sich eben hierdurch im Wort fest fixieren, praktisch sicher handhaben, einseitig-total überblicken läßt.

Nun muß aber diese nämliche Darstellungsmethode, diese notgedrungen alles verstofflichende, entseelende, auch auf das angewandt werden, was uns im nähern nur subjektiv bekannt, nur individuell zu erleben möglich ist, was wir deshalb gewöhnt sind als die »geistigen« oder »seelischen« Eindrücke von den Dingen zu bezeichnen, d. h. einfach: die Eindrücke sofern und soweit sie sich grade ihr prinzipiell entziehen...

Doch nicht durch eine Verwischung oder Vermischung der verschiedenen Methoden miteinander mildert sich dieser Widerspruch, im Gegenteil nur durch ihr immer schärferes Herausarbeiten, immer strengeres Handhaben, man könnte sagen: dadurch, daß wir etwas in immer zuverlässigerer Beschränkung, als Stück und Stoff, ganz in die Hand bekommen, bestätigt und bewahrheitet sich uns erst ganz der darüber hinausreichende Umfang unserer selbst. Wir überschauen damit nicht nur die Einseitigkeit des betrachteten Dinges, sondern auch die der Methode: den Weg nach zwei Seiten gleichsam, auf dem allein sich uns Leben erschließt, und den nur eine Augentäuschung für uns in einen Punkt zusammenrückte. Denn je weiter wir in etwas eingehn, nur um desto tiefer tut es sich uns auf nach beiden Richtungen, so, wie die Horizontlinie immer höher auffliegt mit jedem Schritt an sie heran.«

Das ist, bis in die Neubildungen (»auseinanderleglich«) hinein, ein fabelhaftes Stück deutscher Prosa, um so wunderbarer, als es selbst eben in der Auseinandersetzung mit der Logik als Methode die klarste Methodik beibehielt. Beinahe zu gut, um von ihr zu sein. Sicher ist, daß der Text lange, auch durch vorhergehende Arbeiten, durch die Zusammenarbeit mit ihrem Arzt-Freund Zemek, vorbereitet war.

Indem sie nun so nachdrücklich die Rolle des Männlichen und des Weiblichen in der Welt beschrieb, ließ sie die Rolle des einen schon bei der Wanderung der Samenzelle beginnen, während die Eizelle, ohne Eigenbewegung, einen Kreis um sich geschlossen halte, womit »die intaktere Harmonie, die sicherere Rundung, die in sich ruhende größere vorläufige Vollendung und Lückenlosigkeit« angedeutet werden (so schon in dem Essay von 1900 ›Der Mensch als Weib‹). Freilich sägte sie mit diesen Überlegungen durchaus willentlich den Ast ab, auf dem sie saß: Die Rolle des schöpferischen Künstlers behielt sie dem Mann vor, und in der Tat: In der Freundschaft mit Rilke hatte sie das Außerordentliche wahren Künstlertums, einer werdenden Künstlerschaft, erkannt und aus sich, durch sich den großen Dichter Rilke neugeboren.

Ihre eigenen Arbeiten fand sie nicht großartig, unterschätzte sie eher, schrieb die Erzählungen schnell hin, auch um damit Geld zu verdienen. Darum bewegen sich diese Erzählungen im engen Umkreis der Frauenliteratur, Haus und Familie, junge Mädchen und weltläufige alte Damen. Darum konnte sie mit der Schriftstellerei auch ziemlich radikal Schluß machen, als sie diejenige »werdende Wissenschaft« für sich entdeckte, in der all ihr denkerisches Bemühen, all ihre psychologische Neugier, ihre ganze Konzentriertheit auf das Eine, Mann und Weib, ihre neue Aufgabe fand: die Psychoanalyse. Das war im Jahre 1911.

Vorher aber muß eines anderen Einschnitts in ihrem Leben gedacht werden, der zwar nur äußerlicher Natur scheint, ihre Lebensbedingungen aber entscheidend veränderte. Im Jahre 1903 bekam ihr Mann endlich, mit 57 Jahren, eine Professur, wenn auch nur ein Extraordinariat, und zwar an der Universität Göttingen. Die war angesehen, lag aber in der tiefsten Provinz. Seit Heinrich Heine sich über die Göttinger lustig gemacht hatte, hatte sich daran nichts geändert. Sie hätte es, im geistigen Berlin voll zu Hause, als Verbannung ansehen können. Sie tat das Gegenteil: Sie machte ihr neues Leben daraus. Keine Mietwohnung mehr, sondern ein schönes eigenes Haus, nicht anders als die Rilke-Klause einst in Wolfratshausen, »Loufried« genannt. Zwei Stockwerke, im Erdgeschoß Andreas, sie im oberen Stock, um den ein Balkon lief, den sie »Altan« nannte. Das Haus weit draußen, auf dem Hainberg, weit weg von den Göttinger »Philistern«, auch von den Professoren und Professorengattinnen, die in einem Gartenviertel beisammen hausten. Eines Tages sollten die Leute sie die »Hexe vom Hainberg« nennen, woraus zwar das Mißtrauen gegen die Zugereiste sprach, die so gern wieder wegreiste, aber auch ein gewisser Respekt vor der »weisen Frau«, die, wie man hörte, Patienten und Patientinnen empfing, um ihre Seelennöte zu heilen.

Auch Andreas war's zufrieden. Er hatte in der Orientalistik nur wenige Schüler und unterrichtete sie am liebsten zu Hause, abends bis in die Nacht hinein, ein Gelehrter aus alten Zeiten, der sich in die Moderne verirrt hatte. Man lebte frugal, vegetarisch, baute das Gemüse im Garten an. Eine Haushälterin sorgte für beide und für Lous unentbehrliche Hundebegleiter. Es ist nicht überliefert, ob die Gatten die Mahlzeiten gemeinsam einnahmen, wenn ja, dann vermutlich ziemlich schweigsam. Wohl ging das Gerücht, daß das Kind, das die Haushälterin bekam, von Andreas stamme; als die Haushälterin starb, übernahm dieses Mädchen, inzwischen mit einem biederen Göttinger verheiratet, ihre Stelle.

Lou interessierte sich nicht für Andreas' Sprachgeschichte (obwohl sie einige Sprachen beherrschte und gern, was aus anderen zu wissen nötig war, dazulernte). Andreas interessierte sich wenig für die Bücher seiner Frau und half ihr nur bei der Verlagskorrespondenz. Er war und blieb ein sonderbarer Heiliger. Erst als er alt und schwach in einer Göttinger Klinik lag, haben die beiden Eheleute miteinander sprechen gelernt. Im ›Lebensrückblick‹ hat Lou darüber Rührendes erzählt.

Lou war gern in ihrem Göttinger Haus, in dem sie buchstäblich niemand störte, nicht einmal ihr eigener Mann. Sie ging mit ihren Hunden im Wald spazieren, am liebsten barfuß. Sie war ein Naturkind. Nicht Koketterie oder Eleganz war ihre Waffe, sondern Naivität, mit großen offenen Augen und mit Verblüffung darüber, daß andere sie nicht so unschuldig fanden wie sie sich selber. Daraus leitete sie ihren Stil, ihr Auftreten ab. Die Bäuerin, die ihr den Grünkohl brachte, schnitt ihr auch die Kleider zurecht; »graue Säcke«, so bezeichnete Rilkes neue Freundin, auch eine Lou (Lou oder Loulou Albert-

Lasard), ihre Toilette. Ganz so schlimm war es nicht, sie trug Weites und Fließendes aus Rohseide, um die Schultern ein Tuch oder eine Boa; ihr Haar war sauber gescheitelt, fiel vorn lockig in die Stirn und war hinten zum Knoten gebunden. Heute würde sie eine perfekte Grüne abgegeben haben.

Entscheidend war, daß sie verreisen konnte, wenn ihr der Göttinger Wald über den Kopf wuchs. Das eine wie das andere war gleich lebensnotwendig, bestimmte ihren Rhythmus. Jene Lou Albert, mit der Rilke 1915 in München zusammenlebte, hat von einem Besuch Lous erzählt, die als »ein wahrer Wirbelwind« in ihr stilles Leben einbrach. »Vom Moment ihres Eintreffens an waren unsere Tage ausgefüllt mit Programmen. Des Morgens eine spiritistische Sitzung, nachmittags Historiker oder Astronomen, abends schließlich Psychoanalytiker, Schriftsteller oder Ärzte.« Man braucht diese Aufzählung nicht wörtlich zu nehmen, ebensowenig wie die Behauptung, sie habe ihre Göttinger Reisepausen damit verbracht, Listen wichtiger Persönlichkeiten anzulegen, die sie bei der nächsten Reise »kontaktieren« wollte. Aber die Lust, bei ihren Reisen nicht nur alte Freunde aufzusuchen, sondern auch neue Bekanntschaften zu machen, ist in diesen Bemerkungen ebenso getroffen wie die Gefahr solcher Sammelwut: »Einzeln genommen wäre jede dieser Versammlungen vielleicht interessant gewesen, aber dieses rasende Potpourri machte mich schwindlig.« Lou überstand alle Potpourris dank ihrer – ebenfalls von Lou Albert-Lasard so getauften – »glühenden Lebendigkeit«.

Sie war ungeniert im Anknüpfen von neuen Freundschaften und konnte es sein, weil jedermann es interessant fand, die vielgerühmte, hinreichend schillernde, keineswegs verruchte Frau kennenzulernen. So hatte sie immer noch ihre großen Auftritte, in Berlin vor allem, wo Max Reinhardt, wohl durch Vermittlung Gerhart Hauptmanns, sie 1905 zu Theaterproben und Premierenabenden einlud. Dieser gewaltige Theatermann – was wäre das nach Nietzsche und Rilke für eine Eroberung gewesen! Aber der »Liebhaber« (so hat ihn sein Sohn in seiner Biographie des Vaters genannt) hatte eine andere Liaison: Seine berühmteste Liebeserklärung (»Aus meinem Liebesverhältnis zu Ihnen ist alles entstanden, was ich bin und tue«) war an alle Schauspieler seines Theaters gerichtet. Lou war bald mit Bassermann, Kayssler und Moissi, Tilla Durieux und jener Else Heims bekannt, die Reinhardt, jenem Kollektiv-Liebesverhältnis mit den anderen zum Trotz, heiratete. Als es dann viel später in dieser Ehe kriselte und Else Heims sich um Rat und Hilfe an Lou wandte, hat die ihr anempfohlen, was keineswegs ihren

Wünschen, wohl aber Lous großer Linie entsprach:

»Wer so viel schuf wie M. R., der kann nicht umhin, auch zu *nehmen*, nicht nur zu geben; die Allgemeinheit empfängt, und die einzelne Frau neben ihm leidet. Das Schicksal des Verlassenwerdens haben Sie ja sicher Dutzende von Malen in Dichtungswerken als etwas empfunden, was Notwendigkeit und Ergebung und Erhabenheit auslöste – warum wollen sie solchem Schicksal nur Erbitterung und Verurteilung zugestehen?... Sie tun etwas Böses an Ihnen selber, wenn Sie den Einfluß der anderen Frau auf ›Betreiberei‹ und ›Intrigue‹ zurückführen.«

Reinhardt ließ sich scheiden und heiratete die große Schauspielerin Helene Thimig, 1934, nach der Emigration, in Reno. In der Biographie zitiert Sohn Gottfried die Freundin Eleonore von Mendelssohn über Else Heims: »Sie hat deinen Vater jahrelang sehr klug behandelt. Nur bei Helene Thimig hat sie überdreht. Ihr Haß und ihre Eifersucht haben ihn ihr geradezu in die Arme getrieben.« Lous Rat blieb unbefolgt.

Den großen, bewegten Theatertagen in Berlin, bei denen Lou, rasch aufgezählt, auch Alfred Kerr, Käthe Kollwitz, Henry von Heiseler und Rudolf Borchardt kennenlernte (wen nicht?), folgten, sehr viel seriöser, die beiden psychoanalytischen Kongresse, an denen sie als spektakulärer Gast teilnahm: in Weimar der dritte, 1911, in München der dramatische fünfte, 1915, bei dem es zur Trennung zwischen Freud und C. G. Jung kam. Auf dem Weimarer Gruppenbild sitzt die frisch zu der Männergesellschaft der Psychoanalytiker gestoßene Damenriege in der ersten Reihe, Lou, die Boa umgelegt, wie eine Königinmutter unter lauter Lehrerinnen. Sie war immer noch ein Star, und Freud war beglückt, eine so ansehnliche Jüngerin gewonnen zu haben. Er hofierte sie, blieb aber, da er, vierzig geworden, allen Versuchungen des Fleisches entsagt hatte, in geziemender Distanz. So rettete er, im Gegensatz zu Gillot und Andreas, das Gottvaterbild, das Lou sich von ihm aufgebaut hatte.

Ihrer Anlage und Einstellung nach für das Handwerk der Psychoanalyse wie geboren, hatte sie doch einen großen Reise-Umweg gebraucht, um auf sie zu stoßen. Im August 1911 besuchte sie eine Freundin, die Frauenrechtlerin Ellen Kay, in Schweden. Bei ihr lernte sie den Stockholmer Arzt und Psychotherapeuten Poul Bjerre kennen, und im Handumdrehen war's um ihn (und um sie) geschehen. Poul Bjerre jedoch war zwar durch Freud angezogen, aber wie viele seiner zeitweiligen Begleiter dachte er auf eigene Faust und hatte sich statt

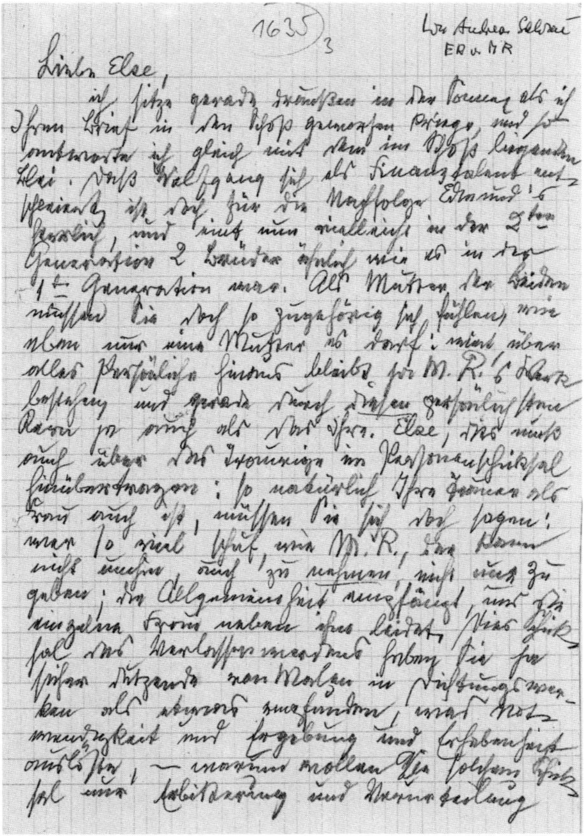

1635 3

Lou Andreas Salomé
ER u MR

Liebe Else,
ich sitze gerade draußen in der Sonne als ich Ihren Brief in den Schoß geworfen kriege, und so antworte ich gleich mit dem im Schoß liegenden Blei. Daß Wolfgang sich als Staatstalent entscheidet ist doch für die Nachfolge Edmund's günstig, und sind nun vielleicht in der 2ten Generation 2 Brüder ähnlich wie es in der 1ten Generation war. Als Mutter der beiden müssen Sie doch so zugehörig sich fühlen, wie eben nur eine Mutter es darf: mit über alles Persönliche hinaus bleibt ja M. R.'s Werk bestehen und gerade durch diesen geschäftlichen Ruin so auch als das Ihre. Else, das muß auch über das Traurige im Personenschicksal hinübertragen: so natürlich Ihr Jammer als Frau auch ist, müssen Sie sich doch sagen: wer so viel schuf, wie M. R., der kann nicht mehr auch zu nehmen, nicht mehr zu geben; die Allgemeinheit empfängt, und die einzelne Frau nebenan ihm leidet. Dies Schicksal des Verlassenwerdens haben Sie ja schon Dutzende von Malen in Dichtungswerken als eigenes empfunden, was Notwendigkeit und Ergebung und Erhabenheit auslöste, — warum wollen Sie solchem Schicksal nun Erbitterung und Verweigerung

Lous Briefstil ist locker, sozusagen sommerfrischenhaft. Dazu kontrastiert in diesem Brief der Ernst der Angelegenheit: Max Reinhardts Frau muß fürchten, daß ihr Mann sie verläßt. Lou empfiehlt ihr den großen, heroischen Stil, den die Schauspielerin Elsie Heims »Dutzende von Malen« auf der Bühne gesehen hat: Ergebung und Erhabenheit.

zugestehen? Es hätte ja auch nur oberflächliche Zwischen-Verwandtschaft der Anlaß sein können: da es aber so dauernd und alles-beeinflussend blieb, wie Sie es selbst schildern, umfaßt es doch auch ein Recht, das unzerstörbarer macht das größere Recht. Sie tun etwas Böses an Ihnen selber, indem Sie den Einfluß der andern Frau auf „Betreiben" und „Intrigue" zurückführen.

Durch die Söhne bleibt Ihnen so vieles: gebrauchen Sie es sich nicht durch ein Zurückbleiben hinter dem Schicksal wollen.

Daß M. R. nicht wärmerer Vater ist, werden die Söhne ihm auch verzeihen müssen infolge des andern Geschenks an sie: daß er, wie alle seiner schöpferischen Kraft, sie dem Leben gab. Und ~~Gott~~ Ernst läßt Ihnen auch wieder so viel Liebes zukommen!

Sie werden finden, daß ganze Geschichte sei sie eine einzige ~~[illegible]~~ Enttäuschung für M. R., aber ich kann keine andere Meinung haben; Sie wissen es von früher, wenn M. R. weiß es nicht, durch irgend ein Mißverständnis. Ich kann Ihnen nur gut sein in Offenheit.

Leider noch keine Wiedersehens-Gelegenheit! Mein Mann noch krank.

Von Herzen Ihre Lou

Lou Andreas Salomé
ER u. MR.

Liebe Else,
Ich sitze gerade draußen in der Sonne, als ich Ihren Brief in den Schoß geworfen kriege, und so antworte ich gleich mit dem im Schoß liegenden Blei. Daß Wolfgang sich als Finanztalent entschleiert, ist doch für die Nachfolge Edmund's herrlich, und eint nun vielleicht in der 2ten Generation 2 Brüder ähnlich wie es in der 1ten Generation war. Als Mutter der Beiden müssen Sie doch so zugehörig sich fühlen, wie eben nur eine Mutter es darf: weit über alles Persönliche hinaus bleibt ja M.R.'s Werk bestehen und gerade durch diesen persönlichsten Kern ja auch als das Ihre. Else, dies muß auch über das Traurige im Personenschicksal hinübertragen: so natürlich Ihre Trauer als Frau auch ist, müssen Sie sich aber sagen: wer so viel schuf, wie M.R., der kann nicht umhin, auch zu nehmen, nicht nur zu geben; die Allgemeinheit empfängt, und die einzelne Frau neben ihm leidet. Dies Schicksal des Verlassenwerdens haben Sie ja sicher Dutzende von Malen in Dichtungswerken als etwas empfunden, was Notwendigkeit und Ergebung und Erhabenheit auslöste, – warum wollen Sie solchem Schicksal nur Erbitterung und Verurteilung zugestehen? Es hätte ja auch eine oberflächliche Zwischenleidenschaft der Anlaß sein können: da es aber so dauernd und allesbeeinflussend blieb, wie Sie es selbst schildern, umfaßt es doch auch ein Recht, das unzerstörbare Recht der großen Wahl. Sie tun etwas Böses an Ihnen selber, indem Sie den Einfluß der andern Frau auf »Betreiben« und »Intrigen« zurückführen.
Durch die Söhne bleibt Ihnen so vieles! Zerbrechen Sie es sich nicht durch ein Zurückbleiben hinter dem Schicksalswollen.
Daß M.R. nicht wärmerer Vater ist, werden die Söhne

ihm auch verzeihen müssen infolge des andern Geschenks an sie: daß er, mit all seiner schöpferischen Kraft, sie dem Leben gab. Und das läßt Ihnen auch wieder so viel Liebesspielraum!
Sie werden finden, das ganze Geschreibe sei eine einzige Fürsprache für M.R., aber ich kann keine andere Meinung haben; Sie wissen es von früher, nur M.R. weiß es nicht, durch irgendein Mißverständnis. Ich kann Ihnen nur gut sein in Offenheit.
Leider noch keine Wiedersehensmöglichkeit!
Mein Mann noch krank!

Von Herzen Ihre Lou

der Psycho*analyse* eine Psycho*synthese* zurechtgelegt. Außerdem war er verheiratet, hatte eine kranke Frau und dieser eben darum besondere Treue geschworen. Das war nach landläufiger Ansicht edel, Lou tadelte es. Sie diagnostizierte die Verwechslung von »Erstarrung mit Treue, Lebensangst mit Liebe, Krankheit mit ›Moralität‹ ... das Zuwenig an echter, befreiter Hingabe, die sich aus der Welt das Ihre erwählt, mit dem scheinbaren Zuviel der Bedürftigkeit gegenüber einer lebensrettenden Medizin«. Sie brauchte viele schöne und starke Worte, um ihre Moral des Zugreifens, der »großen Wahl«, vor sich selbst und vor den anderen zu rechtfertigen. Kranke Ehefrauen durften eigentlich nicht sein. Und wenn schon, war es ihre Sache, sich dem höheren Ratschluß zu opfern.

In Weimar nun, 1911, stand sie selber vor der großen Wahl. Mit Poul Bjerre war sie angereist, Freud trat ihr gegenüber. Ein weiterer Lou-Freund, der Arzt Viktor-Emil von Gebsattel, der Rilke kannte und Rilkes Frau behandelte, gibt eine Unterhaltung wieder, die Lous Parteinahme verdeutlicht: Als Bjerre wieder einmal von seiner Psychosynthese sprach, fuhr sie ihm über den Mund, zugunsten Freuds: »Man darf einem Geist, den sein Genius die abschüssig erscheinende Bahn bergab reißt... keinen Stopp einschalten: laß ihn fallen, glaube mir, er fällt richtig.« Das erinnert an ihre Tautenburger Unterhaltung mit Nietzsche, wo sie »wie zwei Teufel« diskutierten. Wo es ums Zäune-Einreißen ging, konnte es ihr gar nicht wild genug zugehen. Sie konnte das Abstoßendste, Abschrekkendste ungerührt ins Auge fassen. Freud hat das nach ihrem Bericht einmal so in Worte gefaßt: »Selbst nach Greulichstem, wovon wir zusammen reden, schauen Sie sich's an wie vor einem Weihnachten.«

Jedenfalls entschied sich Lou leicht: gegen den Liebhaber, für Gott-Vater. Bjerre, dem Freuds Pansexualismus von Grund auf mißfiel, hat später, in einer Mitteilung an ihren Biographen H. F. Peters, aus seinem Herzen keine Mördergrube gemacht. Einerseits habe sie die Gabe besessen, sich unmittelbar in die Gedankenwelt eines anderen zu versetzen und sei ihrerseits erstaunlich offen in ihren Selbstbekenntnissen gewesen. Auf der anderen Seite habe Nietzsche recht gehabt, als er Lou einen »bösen Menschen« nannte. »Sie konnte keine Opfer bringen«; in der Tat, ihre Theorie entlarvte das Opfer als Schwäche; Bjerre hingegen brachte Opfer, im altpathetischen Sinn des Wortes. Ihre enorme Aufnahmebereitschaft, ihr »Verständnis« war die andere Seite der Medaille. Freud hat sie später einmal scherzhaft »die Versteherin« genannt.

Beim Münchener Kongreß 1913 mußte Bjerre einsehen, daß Freud gesiegt hatte. Auch Lou hatte allen Grund zur Zufriedenheit. Sie hatte eine neue Freundschaft mit einem »blonden Dickschädel« geschlossen, mit dem Wiener Psychoanalytiker Viktor Tausk, Freuds rechter Hand, der den Kongreß vorbereitet hatte. Tausk war Zemek auf höherer Ebene: Jude wie er, naturkräftig, auf dem Balkan aufgewachsen, auf großen Lebensumwegen zur Psychoanalyse gestoßen. Er hatte Gedichte, Essays, ein Drama geschrieben, interessierte sich für Schauspieler und ging mit Lou in das von den Gebildeten noch verschmähte Kino. Er, der viel jüngere und viel problematischere, der eine Scheidung und einen Nervenzusammenbruch schon hinter sich hatte, wollte auch eine Liebesbeziehung. Sie, die klügere, wich aus. 1919 hat er sich das Leben genommen, mit dem er nicht fertig wurde. Die Psychoanalyse sollte schuld sein, sagten deren Gegner. Daß Lou daran schuld sei, hat nur Bjerre in jener »persönlichen Mitteilung« an Peters geäußert. Sicher hat sie ihn verstanden und ihm, dem nicht zu helfen war, so gut geholfen, wie es ihrer mütterlichen Zuneigung zu diesem schwierigen Sohn möglich war.

München 1913 war noch einmal ein Triumph für sie: Sie wohnte bei Gebsattel, traf Rilke, besuchte als neue Akquisition den Philosophen Max Scheler. An Rilke schrieb sie nach dem Treffen in unbarmherziger Offenheit: »Am letzten Tag war es so furchtbar, als jagte ich Dich

Gruppenbild mit Damen 1911 beim Dritten Psychoanalytischen Kongreß in Weimar. Lou ist von Kopf bis Fuß, von einer Boa umflossen, die Exzellenz. Neben den sich

anlehnenden oder streng aufgerichteten Damen rechts und links von ihr wirkt sie wie eine gelassene Majestät.

beinah dorthin (nach Paris) hinweg: aber Du weißt ja, wie es war, und daß ich Dir nur helfen wollte.« Und sie schloß den Satz an, der ein bitteres Fazit enthielt: »Das können aber Menschen einander nicht. Nur im tiefsten, letzten Sinn zusammenhalten.« Der letzte tiefste Sinn war das, was sie das All-eine oder den Urgrund nannte. Nach Freuds Meinung »Idealgeschwätz«. Sie hatte notiert: »In der Arbeit unablässig Ps. A., mit immer wachsender Bewunderung für Freuds Rückhaltlosigkeit; ich komme tiefer hinein als durch Bjerre, sehe, wo er (Bjerre) Halt macht. Wenn man das (das Haltmachen) vermeidet, rauschen Quellen auf.« Für Freud rauschten in der Tiefe keine Quellen. Das war der Unterschied.

Kein Zweifel, daß ihre strahlende Lebensgewißheit, ihr Du-und-Du mit dem Weltgrund, ihre schnelle Bereitschaft, Leid – auch und vor allem das anderer – in den Weltlauf zu integrieren, ihr eigentliches menschliches Problem war. Wahrhaftig, ihre Freundin Helene Klingenberg hatte recht: Sie war »ein tanzender Stern ..., eine lachende, schwebende Festfreude über dem Alltag des Lebens, so siegend wirksam, weil sie ihr Lachen noch dem schmerzlichsten und qualvollsten Ernst des Lebens entrang und dadurch sicher und schwindelfrei ward zum Schweben über den Gipfeln, zum leichten Spiel fast mit dem Leben ...« Aber eben dieser strahlende Egoismus schuf die Enttäuschungen, erst recht dann, wenn sich im Alltag herausstellte, daß sie wie andere Frauen launisch, zänkisch, nervös sein konnte, daß sie solche Eigenschaften auch, wie vor der Trennung von Rilke, als Waffe einsetzte.

Wie gut sie in der Psychoanalyse war, steht zu beurteilen mir nicht zu. Sie hat wichtige Arbeiten verfaßt, wurde in die Mittwochsgesellschaft aufgenommen, freundete sich eng mit Freuds Tochter Anna an. Ihr Bild hing in Freuds Arbeitszimmer – neben dem der Yvette Guilbert. Freuds Nachruf auf sie (er selbst starb zweieinhalb Jahre später, in der Emigration) ist ein schöner, lakonischer Text: »Die letzten 25 Lebensjahre dieser außerordentlichen Frau gehören der Psychoanalyse an, zu der sie wertvolle wissenschaftliche Arbeiten beitrug und die sie auch praktisch ausübte. Ich sage nicht zuviel, wenn ich bekenne, daß wir es alle als eine Ehre empfanden, als sie in die Reihen unserer Mitarbeiter und Mitkämpfer eintrat, und gleichzeitig als eine neue Gewähr für den Wahrheitsgehalt der psychoanalytischen Lehren.«

Sie war großzügig, warmherzig, hilfsbereit, »russisch«, und eben darum konnte sie nicht »zuverlässig«, »verantwortlich« sein. Sie warf sich ganz in eine Sache, aber damit blieb anderes – und gelegentlich waren es auch Menschen – am Rande liegen. Als der Glanz verschwunden war, im Alter, in ihren siebziger Jahren, war sie allein. Von Krankheiten geplagt, trieb sie ihr Metier, die Analyse, bis sie 74 war, und gönnte sich dann erst Ruhe. In dieser Zeit arbeitete sie am ›Lebensrückblick‹, meist aus der Erinnung, ohne die soliden Unterlagen ihrer Tagebücher. Es läßt sich nicht leugnen, daß dieser Text mühsam hergestellt ist, hoch hinaus will, aber es nicht mehr schafft, in schwerfälligen Umschreibungen des Tief-Seelischen steckenbleibt.

Die Schriftstellerin Gertrud Bäumer hat sie als Fünfundsiebzigjährige besucht und ein letztes Porträt von ihr gezeichnet:

> »Sie war schon sehr herzleidend, sollte eigentlich liegen. Aber dann saß sie immer wieder auf dem Rand des Bettes, in einer wunderschönen straffen Haltung, die schlanken Arme nach beiden Seiten hin auf das Holz gestützt; und der Kopf mit dem noch rötlich schimmernden vollen Haar, das aus der kräftigen Stirn – einer knabenhaften Stirn – zurückgestrichen halblang ihr Gesicht umrahmte, machte die Jahre vergessen ... Immer wieder erinnerte der Umriß ihres Kopfes, die schöne stolze Linie des Halses an das Bild eines jungen Mädchens.«

Wenn man diese Skizze mit den wenigen Photographien aus den letzten Jahren vergleicht, hält

Die alte Lou hat viel gelitten. Andreas ist tot, Rilke ist tot. Mit der Göttinger Gesellschaft hat sie keinen Kontakt, nur die Sonnenterrasse ihres Hauses entzückt und wärmt sie noch. Aber die »Hexe vom Hainberg« wird von neuen Freunden verehrt, und sie schreibt den alten.

sie der Wirklichkeit nicht stand. Lou war erschreckend gealtert durch ihre Krankheit, einer schweren Diabetes, und durch eine Brustkrebsoperation gezeichnet. Ihre Sehkraft ließ nach. In dieser verzweifelten Situation trat ein letzter Freund und Helfer auf den Plan, heute allen mit ihrem Leben Vertrauten geläufig als ihr Nachlaßverwalter und Herausgeber ihrer Schriften: Ernst Pfeiffer. Man weiß viel *durch* diesen unermüdlichen Freund, ganz wenig *über* ihn. Ich selbst habe ihn im Laufe meiner Vorarbeiten zum Nietzschebuch in Göttingen besucht und fand ihn wortkarg und verschlossen, nicht bereit, sich in die Karten sehen zu lassen.

Er half Lou bei der Überarbeitung des skizzenhaft geschriebenen ›Lebensrückblicks‹; in seinen Nachworten und anderswo hat er immer wieder aus ihren Gesprächen zitiert. Von Hause aus war er Philologe, kam aus der Mark und hatte sich mit dem Helden seiner Heimatstadt Frankfurt an der Oder, mit Heinrich von Kleist, beschäftigt. Pfeiffer war schwerverwundet aus dem Weltkrieg zurückgekommen. Hatte er einen Beruf oder fand er ihn erst bei Lou? Und da er 1933 mit seinen Liebesdiensten begann, erhebt sich auch die Frage, wie er zu dem Regime stand, das eben die Macht übernommen hatte.

Lou war nach damaligem Sprachgebrauch belastet, Rée, Freud, Pineles, Tausk waren Juden. Wenn sie weiter therapierte, so gewiß ohne das Markenzeichen der Psychoanalyse. Ob sich ihr Denken unter dem Einfluß der neuen Freunde gewandelt hat, ob das Mystische möglicherweise die Oberhand gewann, das sich in neuer Form gut mit jener Naturseligkeit von 1900 verbinden ließ, darüber möchte man mehr wissen.

Lou setzte Pfeiffer als Erben und Nachlaßverwalter ein, er übernahm ihre Möbel in seine Wohnung am Feuerschanzgraben, und möglicherweise habe ich, als ich ihn besuchte, auf einem von Lous Stühlen gesessen. Sie schlief ruhig ein, nach Pfeiffers Bekundung, und wurde im Kasseler Krematorium eingeäschert. Ihre Asche sollte im Garten verstreut werden. Dieses Naturbegräbnis war nach deutschem Gesetz nicht statthaft, so fand sie, ohne einen eigenen Grabstein, ihren Platz neben Andreas' Grab. Dabei waren nur die beiden Freunde und das inzwischen von ihr adoptierte Kind der Haushälterin. Sie selbst hatte verfügt, daß im Garten ihres Hauses ein kleiner Gedenkstein aufgestellt würde: Lou 1861 – 1937. »Loufried«, baufällig geworden, wurde trotz einer Bürgerinitiative 1986 abgerissen, aber an dem neuerrichteten Gebäude wurde zu ihrem fünfzigsten Todestag eine stattliche Gedenktafel angebracht.

In dem Jahr, in dem sie starb, beschossen deutsche Kriegsschiffe im Spanischen Bürgerkrieg Alméria, in Peking begann der japanischchinesische Krieg. Unter den Füßen schrumpfte und schwand jener freundliche Lebensgrund, den sie gemeint hatte, als sie ihrem letzten Buch den Untertitel ›*Grund*riß einiger Lebenserinnerungen‹ gab.

Das Märchen von der schönen Lou

Das Märchen von der schönen Lou – so hätte dieses kleine Buch eigentlich heißen sollen, in Anspielung auf die ›Historie von der schönen Lau‹ von Eduard Mörike, dem Poeten aus dem Schwabenland. Aber die schöne Lau war eine Wasserfee, während die schöne Lou sich eigentlich nur auf der festen Erde wohlfühlte. In *einem* Punkt hätte der Titel gleichwohl sein Recht gehabt: Die Geschichte der Lou Andreas-Salomé hat durchaus etwas Märchenhaftes. Daß jemand gleichzeitig so schön und so gescheit ist, glaubt man zuerst nicht, und so hat man denn auch Lou gern mit anderen männerjagderprobten Frauen verglichen und verwechselt. Daß gelegentlich auch Frauen Eroberungen machen, läßt man sich ja gefallen; auch weiß man von besonders weisen Frauen, zum Beispiel den Sibyllen. Aber die blitzende Intelligenz und die blonde Schönheit laufen in der Regel nicht auf dem gleichen Gleis. So war Lou wirklich zu bestaunen wie eine Fee.

Mit dem Wort »Märchen« wäre aber noch etwas anderes angedeutet worden. Ist eine Lebensbeschreibung wirklich so etwas wie ein historischer Bericht? Oder fließen in sie nicht immer romanhafte, mythische Märchen-Elemente ein? Je exakter, je dokumentarischer sie ist, um so mehr schrumpft sie zur Personalakte zusammen. Gewiß, auch Briefe, Aufzeichnungen, Tagebücher können als Dokumente angesehen werden. Aber wer verbürgt ihren Inhalt? Wer garantiert, daß da nicht Details erfunden oder abgeändert worden sind, daß Perspektiven und Absichten sich dazwischenschoben? Wenn Lou selbst etwas aufzeichnet oder aussagt, sind wir versucht, es für bare Münze zu nehmen. Aber es machte ihr Spaß, Ausreden zu erfinden oder Liebhaber an der Nase zu führen. Wir sehen in ihrem letzten Freund, in dem Herausgeber ihres Nachlasses, einen treuen Eckart oder Eckermann, der nur die Wahrheit will, aber auch Ernst Pfeiffer wollte sein Bild von ihr den Lesern auferlegen: So war sie und nicht anders, jedenfalls nicht so, wie die Biographen vor seinem Eingreifen sie geschildert hatten: H. F. Peters, so schrieb er im Nachwort zum ›Lebensrückblick‹, sei im Biographischen »sexographisch«, taktlos außerdem, Rudolf Binion hingegen habe eine »labyrinthisch-exklusive psychoanalytische Untersuchung« verfaßt. Eine Reihe seiner Äußerungen lasse ein abgrundtiefes Mißtrauen gegen Lou und ihn, den Herausgeber, erkennen.

In der Tat ist die Biographie von Peters etwas klatschsüchtig und zum Teil im Stil des Illustriertenromans geschrieben, während Binion mit gewaltigem Fleiß den untauglichen Versuch unternommen hat, Lou selbst psychoanalytisch zu durchleuchten, mit dem ganzen Ballast des Apparats. Wenn Pfeiffer allerdings schreibt, Binion habe ihn mit seinen Bemühungen, den Nachlaß einzusehen und auszuwerten, »bis an die Grenze der Selbstbewahrung« getrieben, so irrt er sehr. Seine Bestimmung sei, so führt er aus, die alleinige Herausgabe des Nachlasses und also des alleinigen Zugangs zu diesem. Nein, seine Aufgabe war es, allen seriösen Wissenschaftlern den Zugang zum Nachlaß, wenn er schon nicht alsbald ediert werden konnte, möglichst zu erleichtern.

Wenn er darauf saß wie Fafner auf dem Hort, durfte er sich nicht wundern, daß Binion vermutete, er verberge Peinliches, er sei möglicherweise bei der Analyse von Lou zum Opfer einer »Übertragung« geworden und er habe infolgedessen nur noch »to her greater glory« gearbeitet. Gottseidank ist die dritte Biographie sowohl seinen Zulassungserschwernissen wie seiner Kritik (er starb 1986 dreiundneunzigjährig) entgangen. Sie ist in solider Arbeitsgemeinschaft von zwei Frauen, Ursula Welsch und Michaela Wiesner, verfaßt, erschien 1988 und besitzt alle denkbaren Vorzüge: Sie ist umfassend, genau und angenehm zu lesen. Für mich ist sie mit der Fülle ihrer Materialien und der Klarheit ihrer Darstellung eine ideale Arbeitsgrundlage gewesen. Außer diesem Standardwerk und den Quellen aus erster Hand (vor allem dem ›Lebensrückblick‹, den sonstigen Werken Lous, die im Rahmen eines emanzipatorisch bedingten Lou-Booms weitgehend wieder aufgelegt werden, und dem Briefwechsel mit Rilke) möchte ich noch die ausgezeichnete Rilke-Biographie von Wolfgang Leppmann als mir besonders dienlich erwähnen.

Zum Schluß gestehe ich: Wie gern hätte ich Lou zu ihren Lebzeiten kennengelernt, auch wenn ich dabei nur auf Platz 291 ihrer Bekanntenliste gelandet wäre! Nur einmal ein Blick auf sie, nur einmal ihre Stimme und ihr Lachen, nicht das Echo der Faszination, sondern die Faszination selbst.

Ich halte die beiden Briefe in der Hand, die sie auf ihrem Altan im Hainberger Haus an Reinhardts Frau Elsie geschrieben hat (siehe Seite 99 ff., aus dem Besitz von Frau Dr. Luitgard Wiest, München). Ich höre der zweiundneunzigjährigen Dame mit den roten Apfelbäckchen zu, die vor vielen Jahren Lou im Liebeskummer aufgesucht hat und von ihr Nietzsches ›Menschliches Allzumenschliches‹ mit der Widmung »Meiner lieben Lou« zu lesen bekam, und die dann von ihr zur Gruppentherapie in die Klinik des Dr. Marcinowski bei Bad Tölz geschickt wurde (aber das ist wieder eine neue Geschichte). Für mich Beweisstücke, daß sie da war, kein Traumbild, kein Märchen, sondern wahrgenommen. Ich denke darüber nach, ob es Vergleichbares gibt, wem sie geähnelt haben könnte: Mir fällt unter den schreibenden Frauen die Colette ein (oder doch nicht, zu schnell anderen hingegeben), unter den Frauen schlechthin die berühmteste Mischung aus Leidenschaft und Disziplin: Marlene Dietrich (aber so gescheit war die nicht).

Ich habe ihr Leben nacherzählt, ihr Porträt neu zu zeichnen versucht, nach einem ersten Anlauf in meinem Nietzschebuch. Es sollte kein Märchen werden, auch keine Entmythologisierung, vielleicht ein Lehrstück, eine Parabel für Frauen und Männer, die, des aktuellen Fernsehgeschwätzes müde, danach Ausschau halten, wie es denn wirklich zwischen Männern und Frauen steht.

Werner Ross

wurde 1912 in Uerdingen am Niederrhein geboren. Sein Lehrer war der große Romanist Ernst Robert Curtius; lange Italienaufenthalte, zuletzt als Leiter der Deutschen Schule in Rom, haben seine humanistische Bildung und Haltung mitgeprägt. 1964 übernahm er für acht Jahre die Leitung des Goethe-Instituts, im Sinne eines Ernstmachens mit der Lebenslehre des Namenspatrons. An der Universität München nahm er – inzwischen bei den großen Zeitungen und Rundfunkanstalten als Kritiker und Essayist ausgewiesen – eine Honorarprofessur für vergleichende Literaturwissenschaft und Literaturkritik wahr. Im Ruhestand schloß Werner Ross 1980 sein Hauptwerk ab, die Nietzsche-Biographie ›Der ängstliche Adler‹(Taschenbuchausgabe 1985). Von daher ergab sich von selbst der Zugang zum Leben von Nietzsches Beinahe-Freundin Lou Andreas-Salomé.

Bildverzeichnis

Archiv für Kunst und Geschichte: 29, 89, 106, 107
Lou Andreas-Salomé-Archiv: 13, 21, 59, 75, 79, 111
Publikation und Verbreitung der Aufnahmen nur mit Genehmigung des Archivs.
Luitgard Wiest: 99, 100

Die Deutsche Bibliothek – CIP-Einheitsaufnahme

Ross, Werner: Lou Andreas-Salomé: Weggefährtin von Nietzsche, Rilke, Freud / Werner Ross. – 1. Auflage. – Berlin: Siedler, 1992 (Corso bei Siedler)
ISBN 3-88680-432-1

Der Siedler Verlag ist ein gemeinsames Unternehmen der Verlagsgruppe Bertelsmann und von Wolf Jobst Siedler.

Typographie: Hans Peter Willberg, Eppstein.
Satz: Bongé + Partner, Berlin.
Reproduktionen: Rembert Faesser, Berlin.
Druck und Buchbinderei: Clausen & Bosse, Leck.
Printed in Germany 1992.
ISBN 3-88680-432-1